JN217392

ラクして速いが一番すごい

人事・戦略コンサルタント
松本利明

ダイヤモンド社

はじめに

リストラされた5万人と選抜された6000人の「差」とは？

私はＰｗｃ、マーサー、アクセンチュアといった世界的な外資系コンサルティング会社で、グローバル展開やＭ＆Ａ、そして事業再生にもとづく人事制度改革・人材開発に24年以上かかわってきました。コンサルティングした会社の数は６００社を超えます。

私が一貫して行ってきたことは**「人の目利き」**です。仕事は大きく分けて２つ。リストラと選抜です。累計すると、**５万人を超えるリストラ、そして６０００人以上の優秀なリーダー・幹部の選抜**を行いました。

今の時代、真面目にコツコツ一生懸命やる人は「いい人」とほめられても、評価されません。課長にもなれません。途中で体調を崩すか、万年《まんねん》平社員です。

皆さん、薄々気づいているのではないでしょうか。

実際に活躍しているのは、眉間にシワを寄せて一生懸命働く人ではなく、涼しい顔でサクサク仕事を進めている人です。

結論を言います。

努力はいりません。

ラクに速く仕事をするほうが、結果が出て、さらに人生の選択肢も増えるのです。

この事実はごく一部の優秀な人しか知りません。

その人は黙っているので広まらないのです。

「能力があり、仕事ができる」から活躍しているのではありません。「ラクに速く仕事をしている」から能力が上がり、チャンスをつかんでいるのです。

国内外600社以上のコンサルティングの現場で、例外は1つもありませんでした。

1秒でも早く仕事を終わらせる

誤解されやすいのですが、**〝ラクをする〟とは「手抜きをする」「適当にする」ということではありません。力の「入れ所」と「抜き所」を押さえ、ムダな仕事を減らすこと**です。

この心がまえを持ち、日々の仕事にとり組めているかどうか。

それが、リストラされた5万人と選抜された6000人の「差」です。

本書では、力の「入れ所」と「抜き所」を押さえ、スピーディに仕事を進めるやり方を「ラクして速い」と定義します。

【「ラクして速い」の定義】

〝ラク〟とは、力の「入れ所」と「抜き所」を押さえ、ムダな仕事を減らすこと

〝速く〟とは、1秒でも早く仕事を終わらせること

こう言い換えてもいいでしょう。

「集中すべきものと、捨てるべきものを正しく取捨選択する」。

こんな「一生懸命」を見たことありませんか？

さて、次のような光景を見かけたことはありませんか？

ケース①

「課長、ご指示通りに仕上げました。これでよろしいでしょうか？」

「そもそもの話だけど、やはり〇〇は必要だよね。やり直して」

「（会議で○○はいらないと決めたはずでは……）はい、一からやり直します（今日は徹夜かも）」

翌日

「（今度は絶対にひっくり返されないように、パターンをすべて洗い出して完璧に仕上げたぞ）課長、資料ができました。今度こそ完璧です」

「おいおい、こんなにたくさんの資料、何に使うんだよ。会議参加者はみんな忙しいんだぞ。こんな分厚い資料読んでくれないよ。要点をまとめたこの3枚だけでいいんだよ。9割の資料がムダだよ。こんなことに時間をかけず、もっと生産性を上げろよ！」

「（せっかく徹夜でがんばったのに……）はい、以後気をつけます」

ケース②

「星さん、急ぎで悪いんだけど、この資料、月曜朝一までに仕上げてくれないかな」

「（今、金曜の16時なのに……）わかりました」

「ありがとう、やっぱり仕事が速い星さんは頼りになるよ」

30分後

「星さん、悪いけど今日中にこれを仕上げてくれないかな。急ぎで」

「(あと30分で定時なのに今日中とは……)野村課長、わかりました」

「ありがとう、いつも仕事が速くて助かるよ、よろしく!」

さらに30分後

「星さん、悪いけど、月曜の経営会議で使うデータの分析、やっといてくれないかな」

「(おいおい、直属の上司の依頼は断れないよ)はい、わかりました」

「あとはよろしく!」

「(はあ、今日は娘の誕生日なのに。今日は終電コースだな……)」

"ムダな努力"を排除しよう

あなたのオフィスでも似たようなことが起こっているのではないでしょうか。

個人の作業スピードをどれだけ上げても、生産性は上がりません。**自分の作業時間より**

も、上司、関係部署、取引先といった他者とのやりとりの中で生産性は決まります。

ショートカットや辞書登録で入力スピードを上げても、
朝、早起きして誰もいないときに出社しても、
素直にすぐ行動しても、
方眼ノートや時間管理ツールを活用しても、

やり直しになったり、上司や先輩の指示が悪かったりすれば、1ミリも意味がないのです。仕事を1秒でも早く完結させるには、結果につながらないムダな努力をすべて排除する必要があります。

ムダな努力は次の5パターンに分類できます。

①一生懸命がんばるけれども、やり直しが多い
②すべてに全力投球で、疲れ果てる
③責任感を持ちすぎて、仕事を抱えすぎる
④根回しに労力と時間をかけすぎ、疲弊する
⑤上司の指示通りにやるが、結果が伴わない

図1　「ラクして速い」で結果が出る！

	結果につながらない努力		「ラクして速い」やり方
①	一生懸命がんばるけれども、やり直しが多い	➡	一発で決める → P18
②	すべてに全力投球で、疲れ果てる	➡	スパッと割り切る → P66
③	責任感を持ちすぎて、仕事を抱えすぎる	➡	抱え込まない → P104
④	根回しに労力と時間をかけすぎ、疲弊する	➡	組織の「壁」を利用する → P144
⑤	上司の指示通りにやるが、結果が伴わない	➡	自分で「できる」ようになる → P182

本書を活用すれば、結果につながらない努力を排除できます。小さなアプローチの違いで、あなたの仕事がラクに速くなるだけでなく、周囲の人間の生産性も向上させることができます。本書には、ラクに速く仕事をするための「現場ですぐできて、結果が出る具体的なノウハウ」を収録しました。

いつも力が入り、ガチガチだと余裕もなくなり、楽しめません。

「力の入れ方」を教える本は多数ありますが、「力の抜き方」を教える本はほとんどありません。最初から読んでいただいても、興味のあるところからめくっていただいても大丈夫なように構成しています。

本書を読み終えた後、「これは役立ちそうだ」と思ったものはすぐ実行してください。

抜群の成果、自由な時間、人生の多様な選択肢。

あなたが、これらすべてを手に入れることをお約束します。

目次

2章 スパッと割り切る

3章 抱え込まない

4章 組織の「壁」を利用する

5章 自分で「できる」ようになる

1章

一発で決める

仕事の生産性とモチベーションを一番下げるのは
「やり直し」です。
どんなにあなたが作業スピードを上げても、
「あなたの責任ではない」、
手戻りが発生したり、チェックミスがあってはたまりません。
この章では「一発で決める」コツを紹介します。

01

「長い1回」ではなく、「短い10回」をスピーディに

上司や取引先から頼まれた仕事は「一発OK」をもらいたいものです。

しかし、こちらが苦手と感じる相手に限って「指示した内容と違う」「データの分析が甘い」「そもそも論だけど」と、やり直しが多くなりがちです。

やり直しは、生産性とモチベーションを一気に下げます。

ではどうすればいいか。

実は簡単。**確認やチェックの回数を増やせばいい**のです。

苦手な相手ほど「なるべく話をしたくない」「打ち合わせは1回ですませたい」と、避けたい気持ちになります。

しかし、1回の長いミーティングでは一度ひっくり返されたら終わりです。それよりも、1回のミーティング時間を短くし、そのぶん回数を増やしましょう。短い打ち合わせをたくさん行うのです。

1時間のミーティングで勝負するのではなく、5～6分の短い打ち合わせを10回行うイメージです。

ここで心配になるのが、確認回数を増やすことで「この前言っただろう。何回言えばわかるんだ！」というように〝仕事のできないヤツ〟と思われないかです。

「短い打ち合わせ」のすごい効果

ご安心ください。**どんな上司、取引先も「私のことを大切な存在と見てくれているか」と、常に不安に思っており確認されると逆にうれしい**のです。

- 進捗状況を知らせ、安心させてほしい
- 私に対して尊敬の念を抱き、言うことを聞いてほしい

リストラされるビジネスパーソンだけでなく、優秀な将来の幹部候補でも、部下や取引先に対してこの2つの思いを持っていました。

苦手意識があってもなくても、距離をとったり、報告を怠ったりすると、「自分のことを大事な存在と思っていないのでは？」と疑いの芽が出てきます。その芽は徐々に、あなたが「ダメなヤツ」という認識にすり替わっていくので危険です。

逆に、どんな小さなことでも報告したり、確認を怠らない人には、「私を大事な存在と

図2　短い打ち合わせのコツ

最初の声かけ

◎「1つ確認ですが」　　×「指示通りにしましたが」

➡ **仮に間違いがあっても、責任問題にならない**

スムーズに進める方法

◎ 1つでも確認点があれば、すぐ声をかける　　× 確認点をためて、一気に解決しようとする

➡ **仮にやり直しがあっても、被害を最小限にできる**

認めてくれている」と、信頼感が高まるのでやったもの勝ちなのです。

短い打ち合わせは10回もかからないでしょう。となると、トータルのミーティング時間も減ります。さらに相手からは「すぐ確認してくれるので、信頼できる。かわいいヤツだ」と評価も上がります。

600社以上の働き方改革にかかわってきましたが、最初に行うのはミーティングや「報連相」などの社内コミュニケーションの効率化です。

目に見えて仕事の効率が上がり、成果につながるからです。

打ち合わせの切り出し方にもコツがあります。

「指示通りにしましたが、これでいいでしょうか？」と、ミスがあれば相手が悪い

という印象を与えては損です。

「1つ確認ですが」という言葉が便利です。これなら、仮に理解の行き違いがあったときでも、誰かの責任になることはありません。あくまでも「確認」なので、違っていれば修正するだけでいいのです。

誰かの責任になると、言った言わないで口論になり、不毛な時間がとられますし、モチベーションも落ちます。

「確認」なら、作業の話に集中できるので打ち合わせも効率的です。

確認は、重要なところが1つでも出たらすぐやりましょう。複数の確認点が出てからだと、それまでの作業がムダになります。「間違っているのにムダに作業した使えないヤツ」とレッテルを貼られたら損です。

相談を受ける相手にしても、たくさん確認事項があると、対応が億劫になります。確認点は多くとも3つ以内にとどめましょう。

POINT

「1つ確認ですが」を口癖にする

02

100点を目指すより、「60点の出来」で突っ込ませる

「神は細部に宿る」と言います。

一発で仕事を通そうと思えば、より完璧に仕上げたいという気持ちがわくものです。誤字脱字や数値のミスが1つでもあると、資料はもちろん、提案内容への信頼も薄れてしまいます。

しかし**大事なことは「誤字脱字もなく、資料が完璧」とほめられることではありません。**

速く確実に仕上げて通すことです。

最初に確認するのは「納期・品質・用途」といった相手の期待値。

「会議で発表する資料を全部つくってほしいのか、考えを整理するためのたたき台をつくってほしいのか、エクセルで表とグラフだけつくってほしいのか」

仕事の依頼者にしっかり確認しましょう。

最初から100点を目指すのではなく、あえて60点で出し、どんどんフィードバックをもらいましょう。

60点で出すメリットは3つあります。

①方向性を確認できる

ある程度仕事を進めたら、相手に方向性や内容を確認してもらいましょう。やり直しのリスクを減らすことができます。

しかしストレートに「60点の出来」と言ってしまうと、「ちゃんと仕上げたものを持って来い」と突き返されてしまうでしょう。

ではどうするか。調査・分析であれば「速報」、書類であれば「ドラフト」という形にするのです。これなら必ず見てもらえます。要所をしっかり確認しましょう。

②相手に突っ込ませて、ゴールを明確にする

依頼者が最終形をイメージできないときは、「60点」での提出が効果的です。

依頼者が常に正解を持っているとは限りません。形さえあれば突っ込むことはできるもの。依頼者の状況を想定し、仮説でもいいので「こんな目的と内容でよろしいでしょうか？」と質問します。

「60点の出来」でも、相手の立場で真剣に考えた質問や提案は、相手の思考を刺激します。あえて相手に突っ込ませることによって、依頼者のイメージがどんどん固まっていきます。

「このやりとりを3回続ければ、相手は断る理由をなくす」とは、三井物産の元副社長、池田正雄《まさお》氏の言葉です。

6000人を超える優秀なリーダーにインタビューしてきましたが、ほぼ全員が同じことを言っていました。

③いじわるな上司対策

これは、「後からひっくり返すことが仕事」と勘違いしている依頼者対策です。

このタイプはダメ出しをして影響力を発揮しようとするので、完璧に仕上げてから持っていっても、「そもそも論」を持ち出しすべてひっくり返します。

対策としては、本筋をズラさずに、依頼者が突っ込みやすいポイントを準備しておくことです。

このタイプはいくつか突っ込み終えると満足するので、やり直しのダメージを最小限に抑えられます。

「あえてひっくり返してもらう日」をつくる

私は「部下の提案を必ず3回ひっくり返す上司」についたことがあります。とても優秀な方で、頭の片隅で内容をブラッシュアップしていくのでしょう。確かにひっくり返されるごとに内容はよくなるので、勉強にはなります。

ただ、締め切り直前だとかなり疲弊しますので、ゴールから逆算し、「あえてひっくり返してもらう日」をつくり、やり直しを最小限にしていました。

「締め切りギリギリ」はやめよう

どんなに信頼関係のある相手でも、締め切りギリギリまでアウトプットが何もないと不安になります。安心がほしいのです。

進捗報告を兼ねて、「60点の出来」で堂々と持っていきましょう。

60点から70点、80点とブラッシュアップしていくことで「確実に進んでいる」という安心感や信頼感が生まれ、スムーズに仕事を進めることができます。

POINT

「60点の出来」で突っ込ませ、やり直しをなくそう

03

ロジカルに話すより、「重要なことは何ですか？」と聞く

「正しい」には2つの条件があります。「客観的に正しい」と「相手が重要と思っている順番に沿って正しい」の2つです。この2つが揃っていないと相手にうまく伝わりません。人は、自分が重要だと思う順番でないと話を聞き入れないからです。

例えば、「安いクーラーがほしい」と考えているお客様に、「品質がよくて長持ちするクーラーがオススメ」と店員が話しても、お客様の心には響きません。

お客様「クーラーがほしいのですが……」
店　員「今オススメのクーラーはこれです。省エネで品質がいいものです」
お客様「安いのはどれですか？」
店　員「安いのは性能が低くて電気代もかかるので、こちらのほうが長持ちしますよ」

このようにかみ合わなくなってしまうのです。
ではどうすればいいのでしょうか。

相手に聞くのが最も早いのです。

お客様「クーラーがほしいのですが……」
店　員「どんなクーラーがほしいのですか？」
お客様「安いのがほしいです」
店　員「一番安いのはA社のこれです。ところで何年くらい使う予定ですか？」
お客様「15年は使いたいですね」
店　員「15年ですか。であれば電気代もかからず、保証内容がいいこちらのB社のこれをオススメします。クーラーのデザインは、どの会社もほとんど変わりませんが、洗浄を怠ってしまうとアレルギーの原因になります。業者にクリーニングを頼むより、こちらは自動で洗浄できるので年間1万円もお得です」

相手が「何を重要と思っているか」を正しく聞き出し、その順番に沿って話していけば、合意をとりやすくなります。

これでもかみ合わないときは、次の4つを相手と共有しましょう。

①テーマ（何について話すのか。例：クーラーを買い替えたい）

②論点（どんな点をもとに判断するか。例：クーラーの価格、ランニングコスト、保証期間と内容）
③結論（何を伝えたいのか。例：B社のクーラー）
④根拠（なぜその結論なのか。例：15年使うなら、電気代とクリーニング代、保証を入れるとB社のほうが安くなるから）

この4点が揃っていないと説得力が出ません。この4点は自分の頭の中では揃っているので、省略しがちです。話がかみ合わないと思ったら意識して確認しましょう。

「話がかみ合わない」ときの特効薬

特に重要なのは「②論点」を相手の価値観から導くこと。クーラーを選択する「②論点」が部屋に合わせた独自の色だったり、大きさだったりしたら、「③結論」は同じでも、揃える「④根拠」が変わってきます。

話がかみ合わないと枝葉に意識がいくものです。「**③結論**」**がかみ合わない、**「**④根拠**」**を納得してくれないときでも、いちいち相手の意見に反論してはいけません。**時間のムダですし、感情的にもしこりが残ります。

話がかみ合わないときは、根本から確認するのが、遠いようで一番の近道です。

相手の重要度を聞き出すコツは、「①テーマ」「②論点」の順で聞くこと。一番の根幹は「①テーマ」です。そして次に「何を重要視しているのですか?」と聞いてしまいましょう。相手は無意識のうちに判断していることもありますし、聞かれるまで、自分が何を重要視しているかに気づかないこともあります。

「①テーマ」「②論点」をしっかり押さえない限り、クーラーの例のように平行線をたどることになりかねません。

「①テーマ」と「②論点」がかみ合えば、「③結論」と「④根拠」は自然に導かれます。「③結論」ありきで導こうとしても相手は察します。

「何を重要視しているか」は1人ひとり違うもの。その前提で、常に相手が重要視していることを聞くスタンスをとれば、必ず心を開いてくれます。

この状態になれば、一発で提案を通すことができるようになります。職場でも一目置かれる存在になるでしょう。

POINT

相手が重要視する「①テーマ」「②論点」の順で話そう

04

報連相ではなく〝ソラ・アメ・カサ〟で確認する

上司に「報連相（報告・連絡・相談）」を行い、具体的な指示をもらって動けば、仕事のムダはなくなる。

しかし、上司から言われた通りにやってもうまくいかない、相手をかえって怒らせる、契約を失注する。こうした経験はありませんか？

きちんと「報連相」をしているのに、上司からは「報連相ができていない！」と怒られるジレンマ。

仮に「自社と良好な関係を築いている取引先に対し、ライバル会社が自社より安い見積もりを提案した」とします。

上司「よし、ライバル会社より高くない印象を持たせるように再度見積もれ」

部下「ライバル会社より、安く見積もりを出しました」

その結果、「今までぼったくっていたのか！」と、取引先から信頼を失い、注文がこなくなる……。

こんなときは報連相ではなく、〝ソラ・アメ・カサ〟を使うのです。これはマッキンゼーの日本オフィスが考えた思考のフレームワークですが、誰でも簡単に使いこなせます。「空《ソラ》を見ると曇ってきた（事実）。雨《アメ》が降りそうだから（洞察）、傘《カサ》を持っていこう（打ち手）」と覚えてください。

事実を伝えるとき（ソラ）に、「どうなりそうか？」（アメ）、「ゆえに、どんな打ち手や行動をすればいいか」（カサ）の3つをセットにして伝えるのです。すると、認識のズレなく、上司に正しく判断してもらえます。

ソフトバンクの孫正義氏、元マッキンゼーの大前研一氏含め、経営者が重要な意思決定を行うときは、「事実」「洞察」「打ち手」の3つがセットでないと行えないと言います。

ポイントは「アメ」のつくり方

ソラ・アメ・カサで肝になるのは、事実をどう解釈し、洞察するかという「アメ」です。**アメは日本語でやりとりすると省略されてしまうことが多い**ので、こちらからアメを伝え、認識のズレを確認するといいでしょう。アメは1つではないからです。事実をどう解釈したか、その仮説の数だけアメは生まれます。先ほどの例で、アメを考えてみましょう。

①「取引先は、壊れず安定的に使える商品を望んでいそうだ」

図3　〝ソラ・アメ・カサ〟のコツ

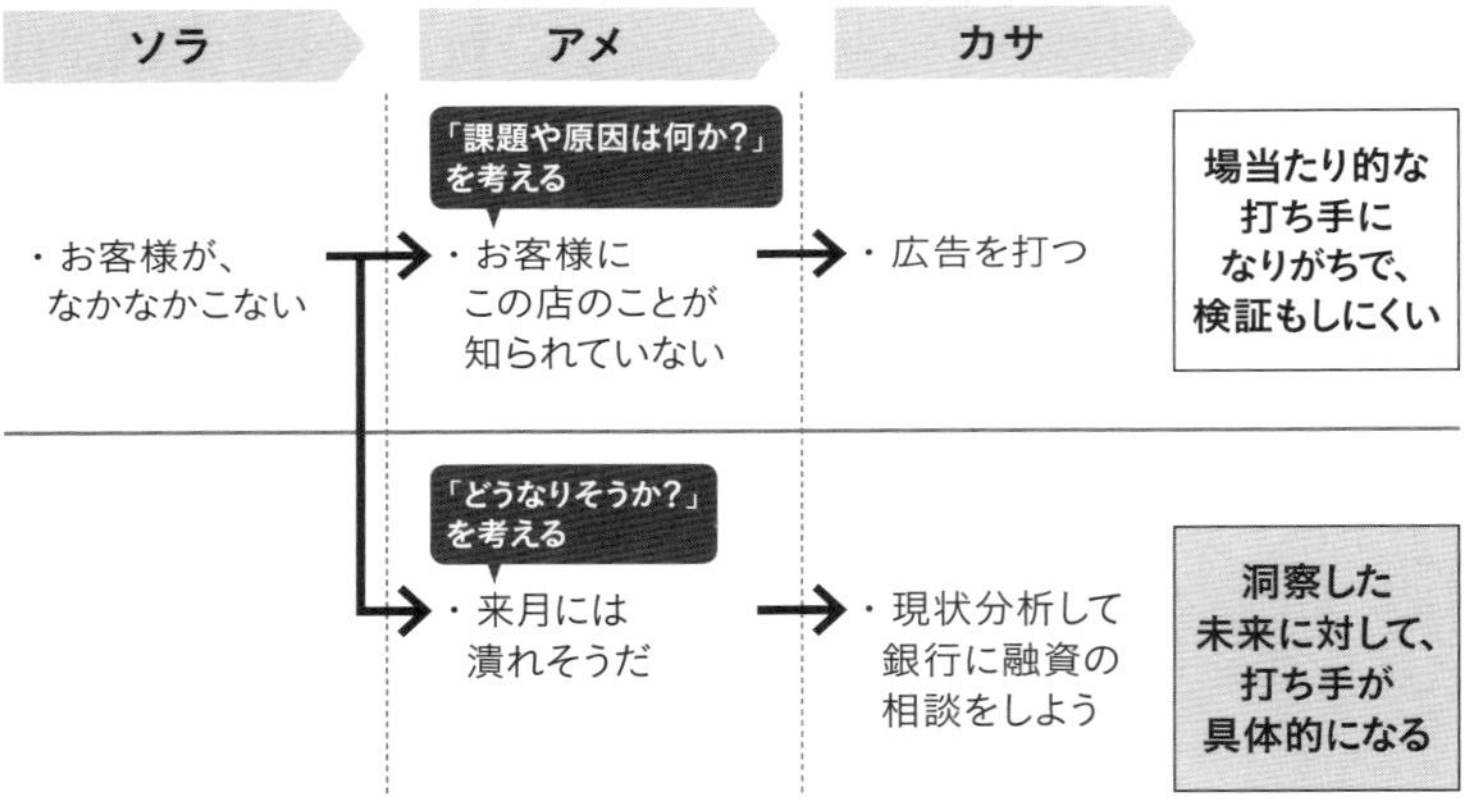

②「経費削減のため、見積もりが安いほうを選択せざるをえない」

アメによって、それぞれ打ち手も変わります。①であれば「うちの商品は品質がよく壊れない。10年使うならランニングコスト面でライバル会社よりお得」という提案が考えられます。

②であれば「安く導入してもらい、メンテナンスコストを調整して回収する」という打ち手になるでしょう。

ソラ・アメ・カサを身につけるのは簡単です。上司に報告する際、頭の中で、「ソラを伝えたので、次はアメ。最後はカサ」と順番を守って話せばいいだけです。すぐ習慣になります。

ただし、1つ注意点があります。洞察に

は「課題や原因」を探すのと、「未来を想定」する2種類があります。**日本人は改善思考が強いこともあり、アメを考えるとき、つい課題や原因を探ってしまう**ことが多いのです。課題や原因の洞察が正しくても、「その結果どうなりそうか」という未来予測が異なると、打ち手も異なります。日本人は図3のように、ソラ（お客様がこない）に対し、アメが「お客様にこの店のことが知られていない」や「料理がおいしくない」など原因探しになりがちです。

「どうなりそうか」を口癖にする

これを回避して未来を洞察するのは簡単。「どうなりそうか？」という問いに答えることです。この問いに答えると、自然と頭が切り替わります。

ソラ・アメ・カサは上司から指示を仰ぐときだけでなく、現場から打ち手を提言するとき、会議で意見が合わないとき、上司にもアイデアがないときなど、さまざまな場面で活用できます。すぐ身につけましょう。

POINT

ソラ・アメ・カサは「どうなりそうか」を未来予測する「アメ」が命

05

じっくり考えるより、一字一句すぐ確認する

上司からレポートや資料作成の依頼を受けたとき、「何となくわかったような、わからないようなモヤモヤ感がある」ことはありませんか？

上司「……という感じでまとめてくれないか」
部下「（わかったような、わからないような。でも空気を読んで）はい、わかりました」

まず、自分の頭で考えて整理したい。この気持ちは痛いほどわかります。

・ネットで参考になりそうな資料や本を探して読む
・過去の資料で参考になりそうなものを引き出して考える

果たしてこうやっても物事は前に進むでしょうか。
上司の指示を受けたとき、「いつまでに何をどうすればいいか」がスパッとイメージで

きない限り、残念ながら持ち帰って考えてもわかりません。
こういうときこそ、一字一句すぐ確認することが大切です。

【確認すべきポイント】

- エクセルの場合　：表やチャートの個数、表題、グラフの縦軸と横軸の設定、グラフの種類、単位、色使いなど
- ワードの場合　：表題、章立て、ですます／である調などの語尾、各章の内容やサンプル原稿など
- パワーポイントの場合：表題、キーメッセージ、キーメッセージを証明するための材料になるチャート、図表の概要など

確認が具体的であれば、上司の指示も具体的になります。大事なことは、効率的に仕事を進めることです。１人で悩み、抱え込むのはやめましょう。

POINT

わからないときこそ一字一句確認しよう

06

"自分の"価値観より、"会社の"価値観を賢く利用する

「ぜんぜん違う。判断基準がズレている。なぜなら……」

このようにハッキリ根拠を示してくれれば納得がいきます。しかし……

- すでに決まったことなのに、そもそも論でスタートに戻る

- やらないと決めたはずが、「やっぱり、こっちでやろう」と前提がくつがえる

- 課長はOKを出したのに、部長からダメ出しをくらいやり直しになる

こんなふうにやり直しをくらったときのダメージは計り知れません。

一発で決め、やり直しを防ぐにはどうするか？

嫌われずにどう押し返せばいいか？

「会社の価値観」を利用しましょう。**「わが社の価値観の『○○』に沿って判断すると、こうなります」**と言えばいいのです。

個人の見解では、上司のほうが偉いのでひっくり返されます。しかし、会社の「価値

観」に沿って「判断」されたことは、上司はもちろん、役員であっても反対しにくいのです。会社のHPや壁に貼り出してある「経営理念」や「ミッション」は会社の根本的な価値観に基づいています。それを使えばいいのです。

「格安」を売りにしているサウスウエスト航空をご存じでしょうか。この会社はお客様の満足度を上げるために、

「ペットボトルの水をプレゼントすることは正解でしょうか？」

「不正解です。費用がかかるのでNGです」

「社内アナウンスを面白おかしくして、お客様を楽しませるのはどうでしょうか？」

「費用がかからずお客様の満足度も上がるのでOKです」

このように「格安」という価値観をベースに判断しています。

ちなみに、この航空会社が、空港の滞在時間と待機で減る燃料を減らすためにどんな工夫をしているかご存じですか？

座席指定を無しにしています。

座席指定があると乗客も安心してゆっくりしてしまいます。しかし座席指定がないと、いい席に座るためには早くから並び、ゲートオープンになった瞬間に席をとりにいくしか

図4　会社の価値観と判断基準の例

ディズニーランド	決め手（YES）	夢の国
	捨てるもの（NO）	現実
アップル	決め手（YES）	シンプル
	捨てるもの（NO）	細かなたくさんの機能
サウスウエスト航空	決め手（YES）	格安
	捨てるもの（NO）	費用

ありません。

結果として乗客を待たせず、ムダなコストがかかりません。乗客もそれで文句は言いません。

このように会社の「価値観」をもとに、YES／NOの判断基準に落とし込み、YESの方向で提案すると、上司や役員もNOと言いにくいのです。

ただ、あなたの価値観を否定し、会社の価値観に染まれと言っているわけではありません。

個々人の価値観から出る意見はすべて正しい。しかしそれでは1人ひとりの動きがバラバラになり、組織としてまとまりがなくなります。ですから、**会社を「1人の人間」と見立て、その判断基準に沿って行動しましょう。**意見調整のストレスと手間が減り、判断スピードも速くなります。

日本人は、「自分の提案をNGと言われる＝自分の全人格を否定されたととらえる」傾向があります。そのためにも、「個々人の価値観は尊重して認め合う。ただ、会社として判断するときは会社の価値観で行う」と割り切りましょう。

会社の価値観を判断基準に落とし込む方法を解説します。図4のように、経営理念などの価値観の中からキーワードを書き出します。そしてその逆の価値観を書いて対比させると、一瞬で判断基準に落とせます。

例えばディズニーランドは「夢の国」がYESなので、NOは「現実」。

アップルは「シンプル」がYESなので、NOは「細かなたくさんの機能」。

この手法は、判断基準を全世界に浸透させるときに多国籍企業でよく用いられますが、日本では大企業の一部しか活用していません。

価値観を暗記しておくだけでなく、一度YES／NOの判断基準で整理しておくといいでしょう。会社のそもそもの判断基準なのでひっくり返されにくく、検討と判断スピードが速くなります。

POINT

会社の価値観を現場のYES／NOの基準に落とし込む

07

論理的に分析するより、逆張りで考える

企画やアイデアがイマイチなときはどうやってクオリティを上げればいいか？

実は簡単です。

「逆」から見て発想すればいいのです。

コンサルタントの提唱する難しいフレームワークや発想法はいりません。固定概念を打ち破ったヒット商品は、逆張り発想したものが大半だからです。

事例1：小さく見せるブラ（ワコール）

偽装してまで巨乳に見せたい女性がいる一方で、「太って見える」「胸に視線が集まるのが恥ずかしい」「好きなファッションをするときに邪魔」という巨乳に悩む女性の課題に応えて大ヒットしました。

事例2：イージートーン（リーボック）

靴底に設置された2つのバランスポッドで意図的に「不安定感」をつくり出した靴。脚やヒップを鍛えるトレーニングシューズとして、大ヒットしました。

事例3：「つや髪」（セリジエ）

染まらない白髪染めにすることで、「頭皮と髪を傷めない」「満足いく染め上がり」「簡単に使える」というメリットを生み出しました。他の白髪染めと違って染める力が強くないので、手も黒くなりません。この気軽さが受け、ヒット商品に成長しました。

逆張りで発想する技術を身につけるのは簡単です。**正しそうな話を逆の視点でとらえて反論してみる。**これを繰り返していくのです。外資系コンサルティング会社では、新人にクライアントや先輩の発言に対して「いいえ、違います」と言わせ、その理由を考えさせるトレーニングを積ませます。強制的に逆から考える視点を鍛えるのです。

「タバコを長年吸うと、将来肺がんになる」→「直接的な因果関係は、そこまではっきりしていない。なぜなら、喫煙率が減ってきているのに、肺がんが増えている統計があるから」

最初はお遊び感覚でかまいません。日本人は、正しいことを暗記する教育の影響か、逆の視点から考える発想が弱くなっています。逆から物事を発想することを続けていけば、仕事で通用する逆張りの思考回路はすぐ手に入ります。

POINT

企画やアイデアは逆張りから生まれる

08

パワポは本文ではなく、「パンチラ」から着手する

パワーポイント（以下、パワポ）はデジタル時代の紙とペンです。
パワポで資料をつくるとき、大切なことはたった1つです。

「パンチラ」にそのシートで伝えたいことを1行で書く

パンチラとは、パワポ表題のすぐ下にあるテキストボックスで、正式には「パンチライン」と言います。ここにどんなことを伝えたいかを1行で書くのがルールです。相手に突き刺さる1行かどうかが生産性に最も影響します。

パンチラのポイントは2つだけ。私が所属したアクセンチュアをはじめ、外資系コンサルティング会社では知れ渡っていましたが、ここでその基本をお伝えしましょう。

①パンチラの3つの型を知る

パンチラに書くキーメッセージは3パターンしかありません。

図5　パワーポイントは、「パンチラ」で決まる

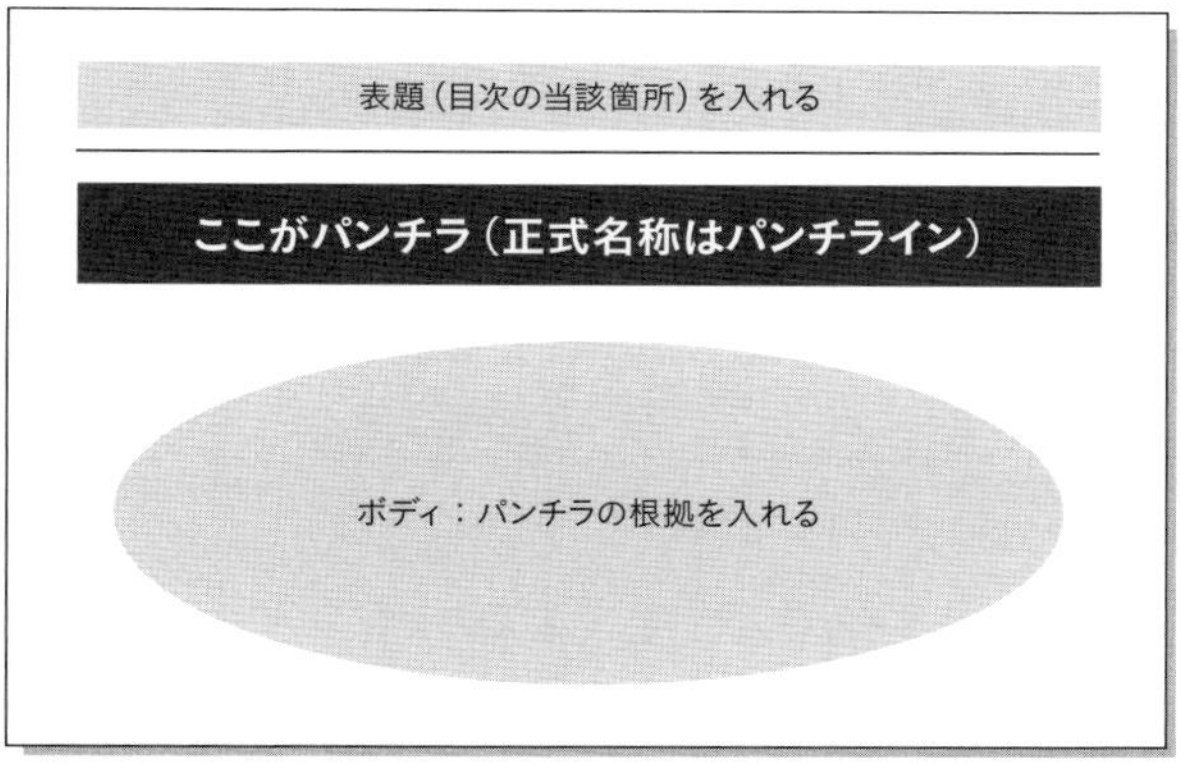

単なる「事実メッセージ」

1　田村さんはすべての科目で一番の点をとった

2　当社の売上は昨年比8％増加した

ある事柄に対する「評価メッセージ」

1　田村さんは優秀な学生だ

2　当社の商品は世界一すぐれている

施策の提言をする「提案メッセージ」

1　田村さんを交換留学生として派遣すべきだ

2　当社は海外市場に参入すべきだ

各シートで、何を伝えればいいか、一番適切なパターンを選んでシンプルに書けばいいのです。

図6　各シートのパンチラをつなげて、意味が通るかチェック

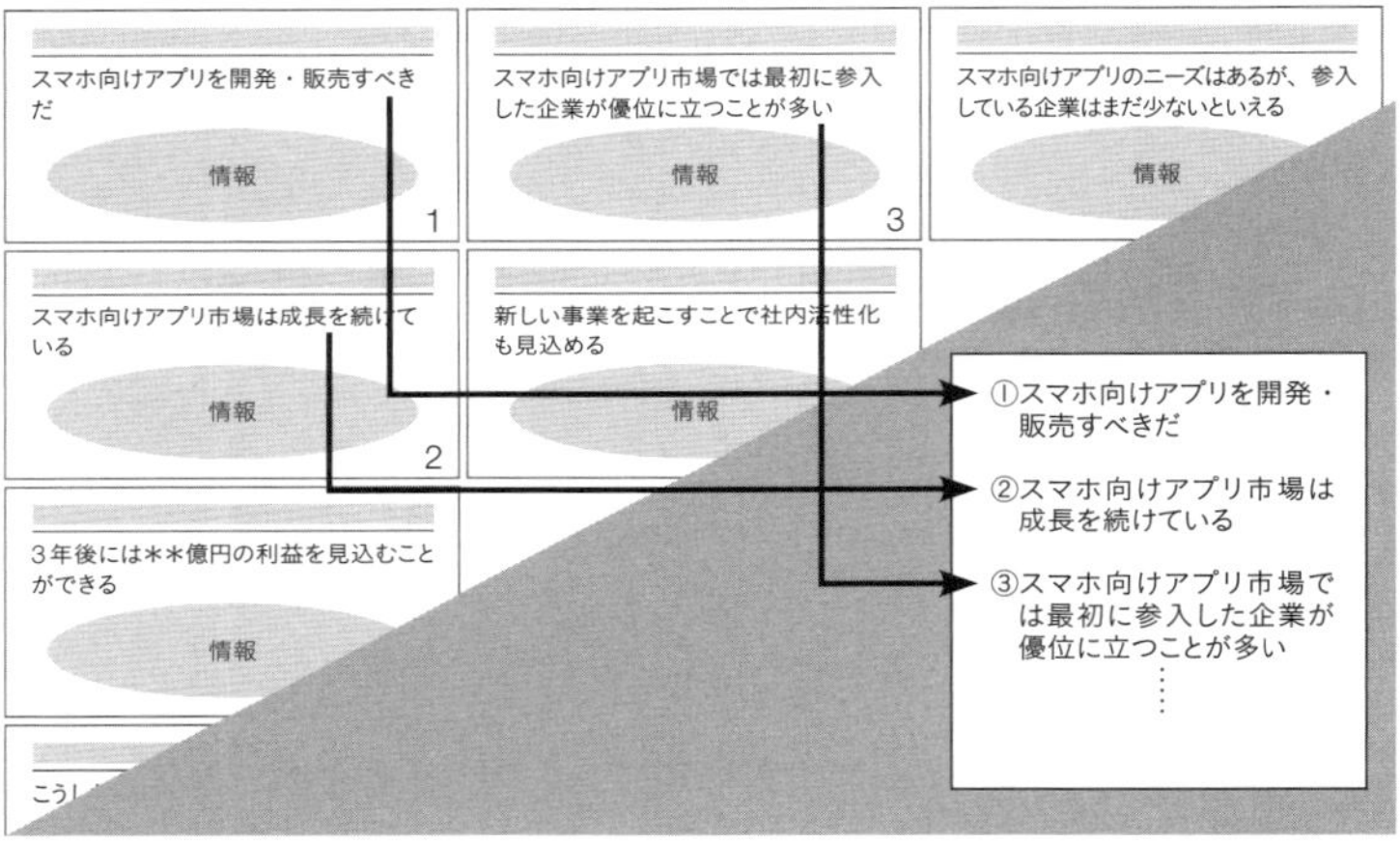

売上の伸びや達成など、1つのグラフでいくつかメッセージを出せるときは要注意です。

どんなに正しくても、たくさんのメッセージや違うパターンのメッセージを1枚のシートに入れると相手は混乱します。**1シート1メッセージのルールを守りましょう。**

またパンチラで「詳しくは以下の通り」という表現をよく見かけます。「シート内の図、チャートを確認してほしい」というメッセージを伝えるものですが、これでは何の結論にもなっていません。

相手は自分の視点で勝手に解釈するので、理解にズレが生じます。「詳しくは以下の通り」は絶対にパンチラに書いてはいけません。

②パンチラを全部つないで、文章として通るか確認する

パンチラをひと通り書き終えたら、各シートのパンチラをつなげて、文章として意味が通るかチェックしましょう。

文章を全部読んでみて、ヌケ・ダブりがないか。論理的に飛躍や矛盾がないか。文章がわかりやすいか。

この3点からチェックするといいでしょう。スラスラとわかりやすく論理的にムリなく伝わればOKです。

パンチラは最後の最後までチェック！

パンチラの文体やトーンが合っていないと、すごく目立ちますので修正しましょう。全体のストーリーとしてのつながりはもちろん、「前半部分は量が多くてくどい」というバランスのチェックや確認も簡単にできます。

POINT

パンチラの「3パターン」をしっかり押さえる

09

刺さるパワポのコツ：「打ち合わせ」「プレゼン」「講演」の場合

パワポは1シート1メッセージが基本です。ただ、その原則に沿うと100枚近くになってしまうこともあるでしょう。100枚のパワポのプレゼンを受け、その内容を理解し、正しく判断してもらうことは困難です。情報量が多すぎます。

外資系コンサルティング会社のコンサルタントは、目的に応じてパワポの資料を3タイプでつくり分けています。

①上司や担当者などとの打ち合わせ（数名～10名程度）

トヨタが資料を「A3サイズ：1枚」にまとめるように、上司や担当者などとの打ち合わせ時は、「全体を俯瞰《ふかん》できるかどうか」を優先します。部分部分を大きくして説明すると、全体像がつかめず、ミスが出やすくなります。

なぜかというとパワポは紙芝居だからです。1枚めくると、前の紙に書いてあったことが、頭の中できれいにリセットされてしまいます。同時に数枚に渡る内容は検討できないので1枚で表します。

全体を1枚で表せないときは、12ポイントや10ポイントなどの小さい文字でも大丈夫です。投影したら見えないフォントの大きさですが、問題ありません。ミーティングのときは資料を手元に置き、見てほしい場所を口頭で誘導します。

アクセンチュアでは担当者との細かい打ち合わせ資料を「ミリミリとした資料」と表現していました。文字も小さく密集しているからです。ただし、ミリミリとした資料は経営会議への答申や社内プレゼンには向きません。

②経営会議への答申や社内研修・プレゼン（11名〜50名未満）

プレゼンはこちらが気持ちよく話すことが目的ではありません。経営会議では趣旨を納得していただき承認を得るのが目的です。社内プレゼンではこちらの意図を正しく参加者に伝える必要があります。

コツは、参加者にパワポを「読ませない」こと。伝えたいことが「目に飛び込んでくる」ようにレイアウトしましょう。

ですから、1シート1メッセージで情報量を絞り込む必要があります。矢印だけではなく、線の太さや色も意味を持ってしまうので、極力色も絞り込みます。見てほしいところは赤、他は黒と2色に絞るのも有効です。

細かいチャートや表、グラフなど、伝えたいメッセージの根拠が大量にある場合は、投影資料に入れず、手持ちの添付資料としましょう。

パワポでは、1回で示せる量に限界があります。シートの枚数は最低限にします。情報量が多いと、大事なところを覚えきれなくなるからです。相手に「うんうん」「そうそう」と納得してもらうには、脳に余白を残す必要があります。

多くの場合、会議ごとの構成パターンは決まっているので、前回使用した資料の構成を参考にすれば大丈夫です。

③大勢の前でのプレゼンや講演（50名以上）

50名を超える講演やセミナーなどの場合、投影用スライドの色は、白から黒など暗い色に変えましょう。白地に黒や赤で文字を見せるより、黒地に白で文字を見せたほうが、遠くからはハッキリ見えるからです。ホワイトボードは少し離れると文字が見えにくくなりますが、黒板の字は遠くからでもはっきり見えるのと同じです。

講演やセミナーの場合、構成は人それぞれです。例えば、元スポーツ選手はパワポを使わない方が大半です。写真を大量に活用したり、動画を駆使したりとさまざま。ただ、どんなときでも守るべきコツが1つあります。

大勢の前で登壇するときは、最後の資料として「サマリ」をつけましょう。最低限持って帰ってほしいこと3つ、多くても5つにまとめて伝えるのです。話を聞きにきた方に、セミナーの内容を再整理し、頭の中に刻んでもらうようにします。

サマリをつけることで、「面白いセミナーだった」から「面白いセミナーで、特に3つのことが勉強になった」と理解と納得度が高まります。5つを超えると、すべてを覚えきれない情報量になるためサマリは5つまでにしましょう。

スライドの枚数が20枚を超えるようなら、ブランクの紙も添付か配付をしましょう。

参加人数が多いと、立場や知識量、目的の違う方々が集まるので、響いたことも人それぞれになります。配付スライドの余白は小さいので、ブランクの紙を用意すると、自由にメモできるので、参加者に喜ばれます。

配付資料が多いと、話を聞かずに資料を読み進めて、勝手な解釈をする人が出てきます。また、話の内容をすべて書こうとする人もいます。話に集中してもらうためにはキーとなるスライドだけ配付しましょう。「すべての資料がほしい人は後でメールしてください。今は話を聞くことに集中してください」と最初に言えば安心して聞いてもらえます。

POINT

「10名まで」「49名まで」「50名以上」でパワポのつくり方を変えよう

10

パワポをきれいに見せる色使いとフォントの基本

パワポを美しく配色するにはルールがあります。外資系コンサルタントは入社時に、「パワポの配色ルール」を教わります。ルールを知ることで、誰でもラクして速く、そしてきれいに資料をつくれるからです。今回は特別に、その配色ルールを紹介しましょう。

まず、色には3属性があることを押さえてください。

- **色相**：赤、青、黄色といった、色味の違い
- **明度**：明るい色、暗い色といった色の明るさ
- **彩度**：色の鮮やかさの度合い

パワポの配色で注目するのは「色相」です。色相は円周上に並べてみると、どの色が反対色で、どの色が仲間の色かがわかります。色の3原色と呼ばれる赤、黄、青の3色。次にその中間色である橙、緑、紫の3色。これらを並べると、6等分された色相環になります（図7参照）。パワポできれいに配色するなら、４つのタイプを覚えておきましょう。

図7　色相とタイプ分けを押さえる

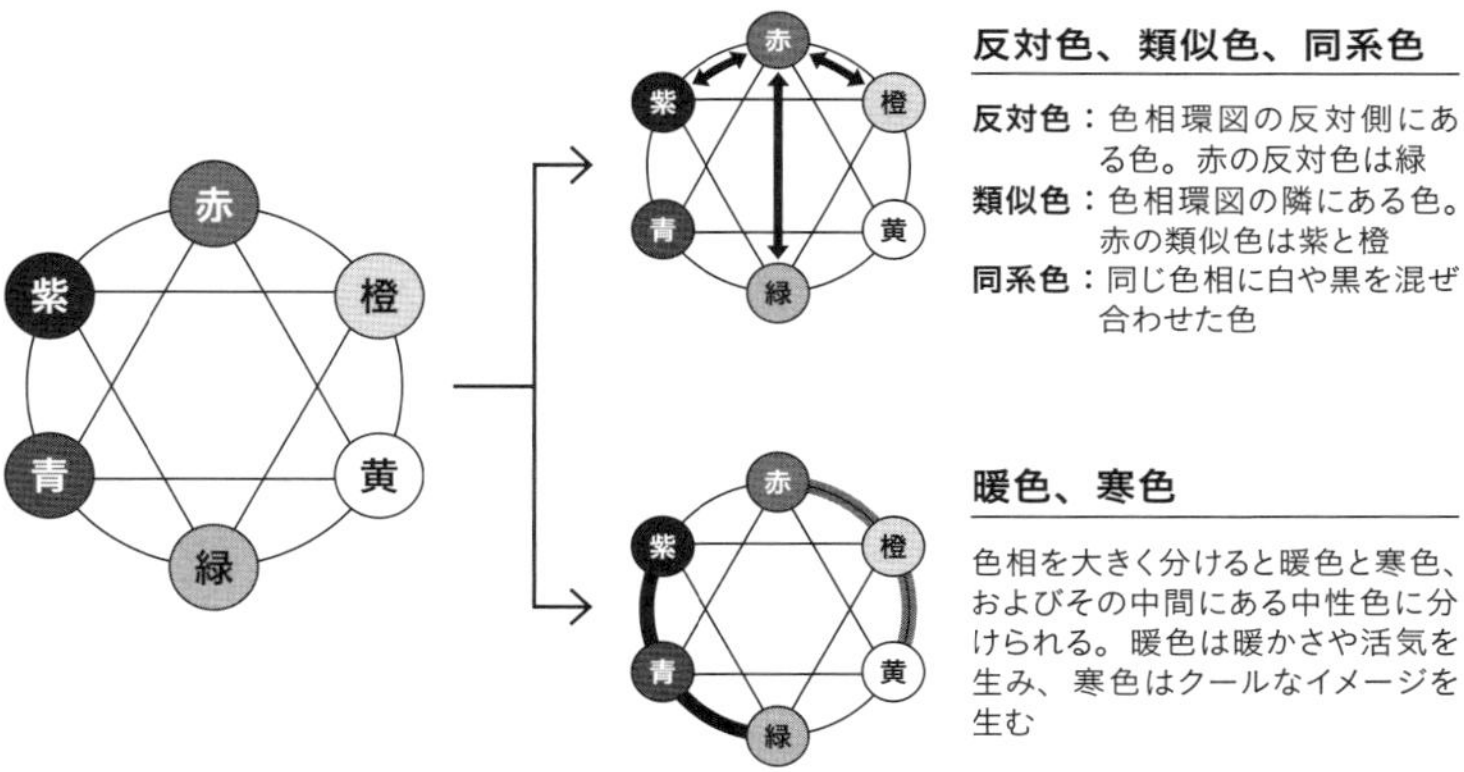
赤
橙
黄
緑
青
紫
反対色、類似色、同系色
反対色：色相環図の反対側にある色。赤の反対色は緑
類似色：色相環図の隣にある色。赤の類似色は紫と橙
同系色：同じ色相に白や黒を混ぜ合わせた色
暖色、寒色
色相を大きく分けると暖色と寒色、およびその中間にある中性色に分けられる。暖色は暖かさや活気を生み、寒色はクールなイメージを生む

・**反対色**：色相環図の反対側にある色（赤の反対色は緑）

・**類似色**：色相環図の隣にある色（赤の類似色は紫と橙）

・**同系色**：同じ色相に白や黒を混ぜ合わせた色

・**暖色、寒色**：色相を大きく分けると暖色と寒色、その中間にある中性色に分けられる。暖色は暖かさや活気を生み、寒色はクールなイメージを生む

これらをパワポで何色《なんしょく》使うのかで組み合わせるのです。

・1色の場合：特に意識する必要なし。
ただし、汚い色やチカチカする色（赤色）などは

避ける

- 2色の場合：色相環上の反対色を使う。橙系と青系の組合せがオススメ
- 3色の場合：色相環上で正三角形を意識して使う。
  赤系、青系、黄系の3つがオススメ
- 4色の場合：反対色を2つ組み合わせて使う。
  橙系、青系、赤系、緑系の4色がオススメ

それ以上の場合は色相環の全色相を偏りなく使うことになりますが、色が多すぎるとゴチャゴチャするので、多くても4色以内に抑えましょう。

塗りつぶしは薄い色で行います。濃い色で塗りつぶすと強調されすぎ、文字が見にくくなるからです。「塗りつぶし」→「その他の色」→「色の設定」で「標準」を選ぶとパレットが出てきます。ここで塗りつぶしの色を選ぶのですが、「色の濃さ」は統一しましょう。どの色も真ん中から見て何番目の色を選ぶかを決めておけば統一感を出せます。好みもありますが、私は真ん中から「3番目」をオススメします。色が薄すぎるとプロジェクタやプリンタとの相性によりハッキリ発色しないことがあるからです。

さらにきれいに見せるコツとして、線（枠線）を黒のままにするとこなれない印象になるので、**枠線は濃紺などの濃い色にしたほうが見栄えがよくなります。**

色使いの基本は反対色！ 塗りつぶしはパレットで真ん中から3番目に

図8　MSPゴシックより、HGP創英角ゴシックUBを使う

同じポイント（大きさ）でも、見え方がこんなに違う！

MSPゴシック
HGP創英角ゴシックUB

MSPゴシック：太字にすると、プロジェクタとの相性により
　　　　　　　　レイアウトがズレやすく、印刷時にも同様の
　　　　　　　　現象が起きる

HGP創英角ゴシックUB：太字にしなくても、はっきり見える

パンチラ（パンチライン）など目立たせたいところは、明朝体ではなく目立つゴシック体を使いますが、標準で設定されているMSPゴシックは要注意です。太字にすると、プロジェクタとの相性によりレイアウトがズレやすく、さらに印刷時、フォントの性質上、同様の現象が起きることがあります。PC上と違う表示になるわけです。

パンチラなど、遠くからでもハッキリとメッ**セージをアピールしたいときは「HGP創英角ゴシックUB」をオススメします**。外資系コンサルタントの御用達フォントです。

11

エクセルデータの確認は、この「2ステップ」で！

データを集計して表やグラフを作成するときはエクセルを使います。数個のデータだけでなく、数千、数万単位のデータまで数式1つで一瞬のうちに計算できるツールです。私もデータ集計、賃金データのシミュレーションだけでなく、毎月の交通費の精算まで幅広い用途で使っています。

非常に便利でビジネスに欠かせないツールである反面、恐ろしいリスクも潜んでいるのをご存じでしょうか？

数式などのエラーは出ますが、入力値にエラーがあったり、集計表やグラフが壊れたりしたときは「エラー」の表示が出ないのです。

つまり、数式が「合っている」ときでも、集計結果が合わず、微妙な誤差が出ることがあります。また、繰り返し使ったり、大量のデータを扱ったりすると、「エラー表示は出ないのに数式やグラフが正しい値を示さない」こともあるのです。特に強制終了したときなどが危険です。「エラーが出ないので合っていると思っていたら、実は違っていた」ということが稀に起きます。

図9　文字列で数値を入力すると、集計が狂う

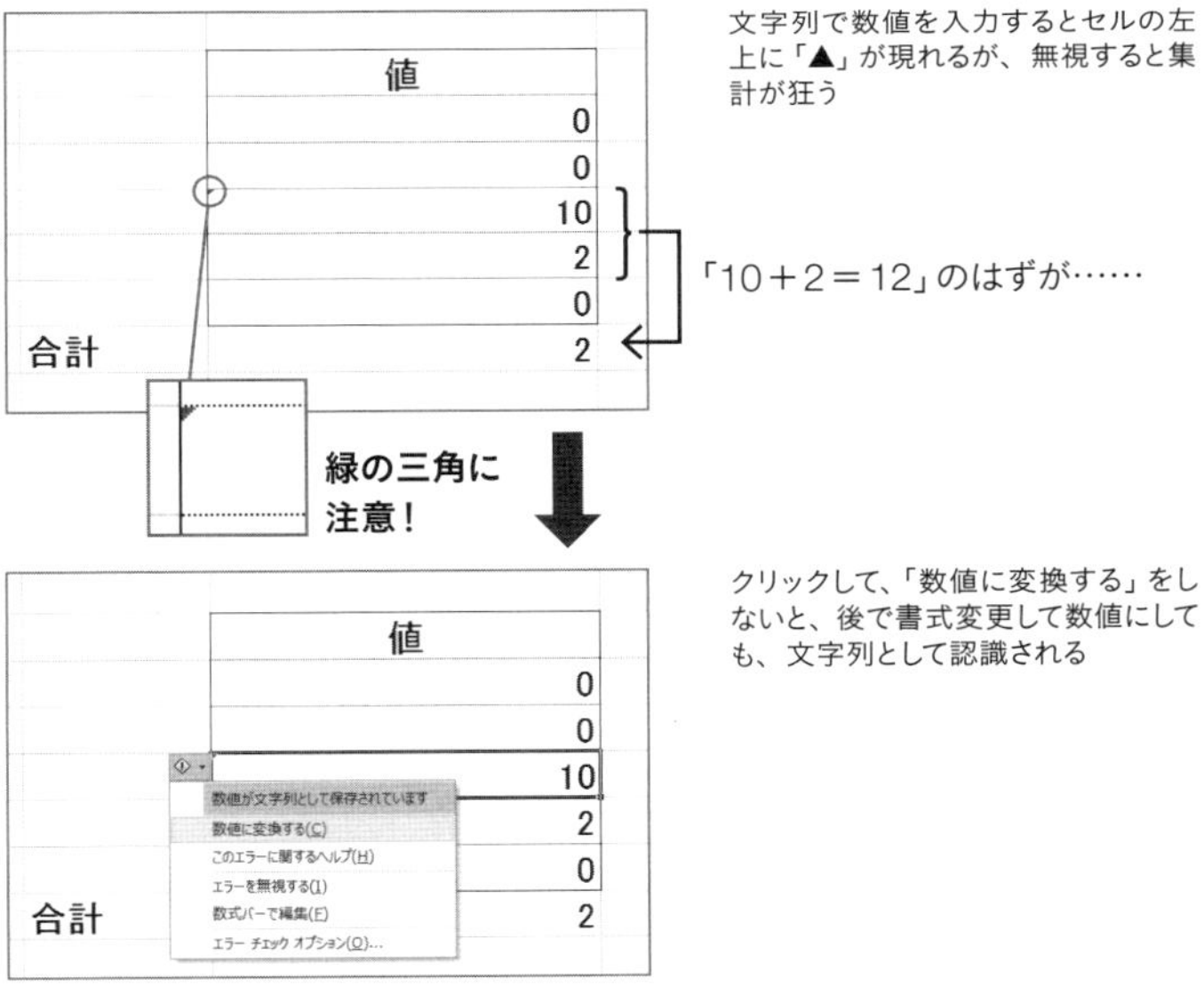

文字列で数値を入力するとセルの左上に「▲」が現れるが、無視すると集計が狂う

クリックして、「数値に変換する」をしないと、後で書式変更して数値にしても、文字列として認識される

会議でプレゼン資料の数値が違うことを指摘されたらどうしようもありません。プレゼン内容や資料全体の信頼感もゆらいでしまいます。起こりやすいミスとしては、次のようなものがあります。

・数値のセルの中にテキスト表記のセルなどが交じっても、見た目が同じ（テキスト形式で「0」と入っていても、数値の0と見分けがつかないこともある）
※図9参照
・小数点以下はデフォルトでは四捨五入される。大量

図10　エクセルでは勝手に四捨五入されてしまうことが！

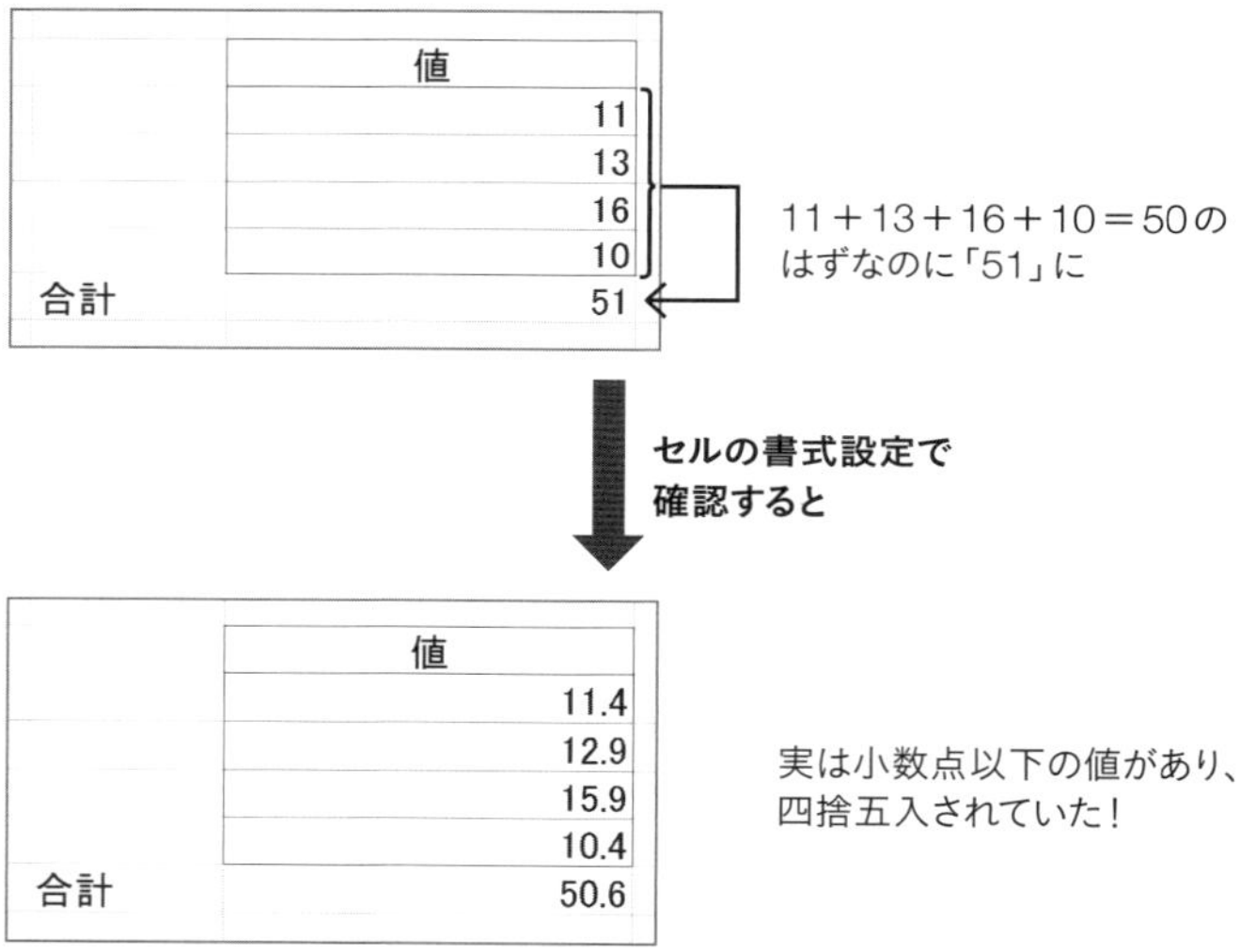

データを集計すると、実際の数値の集計とエクセル上の集計結果に誤差が出る

※図10参照

消費者や社内意識調査などのアンケート集計、給料計算などの集計をエクセルでやるとき、数字のミスがあれば致命傷になります。

ではどうやって確認すればいいか。

一から十まで手計算するならエクセルを使う意味がありません。外資系企業などでは、次の2つのステップでエクセルの処理結果を確認します。

①縦なら横、横なら縦で集計した結果と照らし合わせる
②グラフ化して入力や算出結果のエラーを発見する

次ページの図11のように、各列の小計を足した合計を確かめるとします。そのとき「縦で集計した結果」と「横である行ごとに数値を小計した結果」を照らし合わせて、同じになるか確かめるのです。**関数のΣ《シグマ》を入れる**だけですぐできます。

照合してＯＫなら、確認に使った数式は削除してかまいません。①は、集計の設定範囲を間違えたというミスを発見するのに便利です。

②は、**折れ線グラフを使う**のがオススメです。

例えば、月別経費の支出額であれば、折れ線グラフにすると異常値だけが突出するので一目瞭然です。折れ線グラフは対象セルをつかんでクリック１つで簡単にできます。数字を見ているだけでは気づかなかったエラーも、グラフにすることで一発でわかるのです。

このダブルチェックのおかげでクビにならずにすんだことがあります。

日系某大手企業のグローバル調査を手伝ったときのことです。各国に同じアンケートを送り現地のニーズを探っていました。ふとブラジル国内の集計結果の報告書を見たとき、同じ母数のデータを使った集計のはずが、ページごとに母数のデータが違っていることを報告会前日に発見しました。

図11　縦の集計だけでなく、横の集計も必ず行う

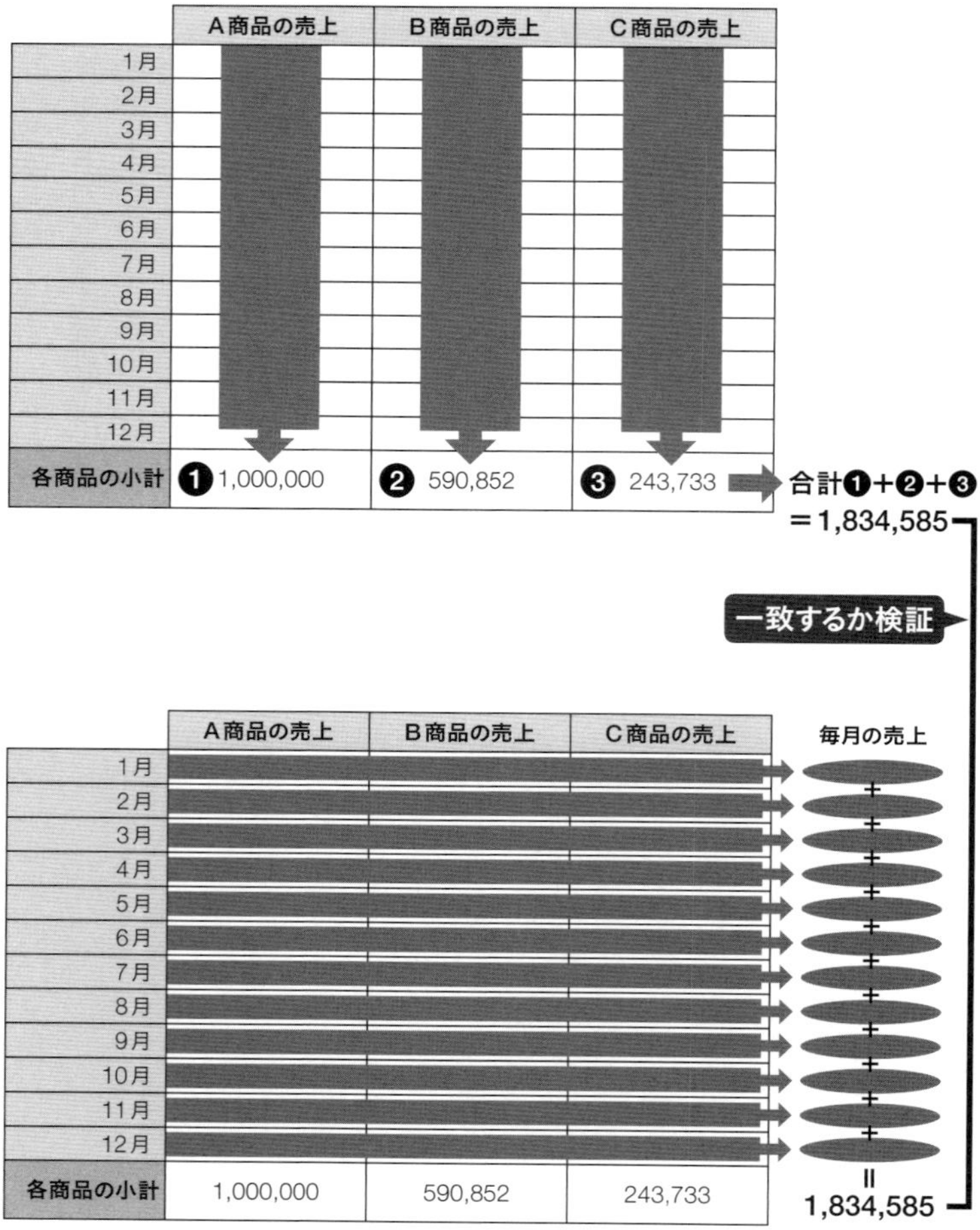

おかしいと思い、実際に集計したエクセルシートを見たところ、なんと数式は一切使われておらず、集計結果含めすべて数字が手入力されていたのです。縦横で数式を入れて計算すると、計算結果が微妙に違っていました。

担当マネジャーは「今どき数式を入れず、直接入力なんてありえない」という考えから、集計結果の検証をしていなかったのです。

すぐ修正にとりかかって、何とかギリギリ間に合い、命拾いしたことがあります。

エクセルに数字が入っていると、必ず合っているものだと信じてしまいがちです。

疑うよりも、検証癖をつけることでやり直しをなくしましょう。

POINT

「エクセルの集計結果は間違う」という前提に立つ

12

エクセルは「11センチ×18センチ」の大きな電卓でチェック

エクセルで大量のデータを扱うときは注意が必要です。エクセルのシート自体に何らかの異常があると、集計の確認ができないからです。

特に怖いのは、今まで普通に集計できていたのに、音もなくファイルが破損し、エラーが出ないのにグラフや集計結果がズレるときです。

数式や数値、テキストなどの入力データエラーは、縦横両方での集計やグラフ化でわかりますが、ファイル自体が壊れると、数式やグラフだけでは判断できません。そこで登場するのが電卓です。

「1%」をピックアップしてチェック!

電卓で縦、横、すべて再計算して確認すると、目では追えないミスまで発見できます。

時代に逆行しているように感じるかもしれませんが、電卓でなければ確認できないこともあります。

ただ、1000人分のデータなど、データ量が多いときは電卓ですべてをチェックすることはできません。目安は1%。1000人であれば、10名程度をシートからピックアップしてチェックすればいいでしょう。「合計」などキーになる集計は、うっかりミスではすまされないので、必ず2人でダブルチェックすると安全です。

ポイントは大きな電卓を選ぶことです。横11センチ×縦18センチの電卓が使いやすいでしょう。経理の机の上によくあるサイズで、メーカーにより少し差がありますが、「ナイスサイズ」と言われる大きさです。

電卓はPCやスマホのアプリにもありますが、入力に手間がかかるのでムダに時間がかかります。

経理の電卓くらいの大きさならラクに速く入力できます。すぐ慣れてブラインドタッチで入力できるようになり、さらに時間がかからなくなります。ソーラーバッテリーの機種も多く、壊れにくいのも魅力です。

集計表やグラフにミスがあると、他の正しい内容まで疑われてしまいます。急がば回れ。大きな電卓を活用してチェックする習慣をつけましょう。

POINT

経理と同じ大きな電卓を使おう

13

文章は目で追うより、声に出して音読する

資料の誤字脱字は意外と目立ちます。誤字脱字が1つあるだけで、「中身は大丈夫か？」と信頼を失うこともあります。パワーポイント、ワードにかかわらず、文章をPCの画面上で追うだけでは、どんなにチェックしても完璧な校正はできません。

速く確実に文章のミスをチェックするにはどうすればいいか？

声に出して読み上げればいいのです。**「音読して文章をチェックする」ことは、外資系コンサルティング会社で最初に教わること**です。私が接してきた6000人を超えるリーダーの多くも、音読しながら文章をチェックしていました。

私たちの脳は優秀である反面、頭の中で勝手にミスを補完してしまうことがあります。「はじめまして」を「はじめましてし」とミスしても「はじめまして」と勝手に脳内変換して読んでしまうことがあります。文章を目で読もうとすると、意味をくみとった瞬間に、脳が勝手に補完してしまうのです。ましてや、自分で書いた文章の場合は、「間違っていない」という前提でチェックしがちです。

私たちの脳は、文章を〝1つの塊〟として認識してしまいますが、声に出すときは

「は」「じ」「め」「ま」「し」「て」と省略することなく1字ずつ話すことになるので、誤字や「てにをは」の間違いに気づきます。

音読による意外なメリット

音読によるメリットは、それだけではありません。文章がよりシンプルでわかりやすくなります。黙読だと長い文章も読めてしまうのですが、音読だとそうはいきません。息継ぎが入るような長い文章は、声に出したり、耳で聞いたりすると意味がとりにくくなります。**「、」でつないだ長文より、意味が切れるところで「。」をつけ、短文にしたほうが伝わりやすい**ことに気づくでしょう。さらに、ムダな修飾語や重複している表現は、自然と削られていきます。

音読は難しくありません、誰でもできるので、ぜひやってみてください。音読するときの一番の敵は、羞恥心です。大きな声を出さなくてもかまいません。ボソボソつぶやく程度で大丈夫です。自分のデスクではなくカフェでやるのも手です。

POINT

恥ずかしがらずに音読すると、文章が磨かれる

2章

スパッと割り切る

スパッと割り切り、仕事をラクして速くするには
2つのポイントがあります。
1つは「仕事のツボ」を押さえ、スパッと割り切ること。
全力投球せずに、力の入れ所、
抜き所を押さえるのです。
もう1つは自分の持ち味に合った価値の
出し方を知ること。
すると、自分の得意でない仕事、
誰がやっても変わらない仕事が入ってこなくなるのです。

14

「やりたい仕事」は捨て、「勝てる仕事」に注力する

あなたは「やりたい仕事」をやれていますか？　やりたいことをやり、成果も出す。これが一番です。

しかし、「やりたい仕事」をやれていない。もしくはやりたい仕事がハッキリしていない人が多いのではないでしょうか。でも、それで問題ありません。

人事・戦略コンサルタントとして、6000名以上のリーダーを選抜してきましたが、リーダーたちは「やりたい仕事」を与えられてきたわけではありませんでした。

「最初はやりたい仕事ではなかったけれど、やってみたら楽しくて、うまくいきました。のめり込んで仕事をしているうちに、気づいたら出世していました」と、リーダーたちは、やりたい仕事よりも「求められる仕事」で結果を出していました。

「求められる仕事」とは、「向いている仕事」といえます。向いている仕事だからこそ、結果がすぐ出るのです。

実際、インターネット広告事業で成長著《いちじる》しい株式会社セプテーニ・ホールディングスでは、「自分でやりたいと願った仕事に就いた人」より、「自分の持ち味に沿った仕事に就

いた人」のほうが、自己満足度と会社の評価がともに高かったのです。一方で、「やりたいと思ったけど、実は向いていなかった」というケースも多かったとか。

セプテーニ・ホールディングスはＡＩを活用し、「応募者の持ち味」と「会社の仕事」のマッチングをベースに採用しています。採用にかかる負担は9割減り、人事は、「採用された社員が持ち味に沿ってキャリアを築く」サポートに力を入れています。

Institution for a Global Society 株式会社のＣＥＯ、福原正大《まさひろ》氏は、自分の持ち味を活かし、会社の中でどんなキャリアを描くべきかをＡＩで解析するサービス、『ＧＲＯＷ』を開発しています。『ＧＲＯＷ』のとり組み事例は、ハーバードビジネススクールのＭＢＡの授業、「Human Resource Management」と「People Analytics」で利用されており、世界的にも注目されています。

ここで2つの疑問が出てくるでしょう。

①自分の持ち味はどうすればわかるのか？
②自分の持ち味を知ったところで、今の仕事に活かせるのか？

自分の持ち味を知るのは簡単です。仕事上の「ありがとうの声」を知ればいいのです。

この**「ありがとうの声」**があなたの**「提供価値」**です。事務職のように一見、提供価値に

図12　「ありがとう」はこんなにある！

・締め切り前に出してくれてありがとう。
・手早く対応してくれてありがとう。
・隅々まで気配りしてくれてありがとう。
・職場の雰囲気を明るくしてくれてありがとう。
・面白いアイデアや提案をありがとう。
・後輩の面倒を見て、育ててくれてありがとう。
・リーダーシップを発揮してくれてありがとう。
・いろんな人をつないでくれてありがとう。
・人が嫌がる仕事も熱心にやってくれてありがとう。
・いつも目標達成してくれてありがとう。
・最先端の情報をいつも教えてくれてありがとう。

差が出にくい仕事でも、「ありがとう」の種類はたくさんあります。

「速くてありがとう」
「正確でありがとう」
「締め切り前に出してくれてありがとう」

数えきれないくらいの「ありがとう」の種類があります。あなたはどんな「ありがとう」を言われていますか？　**上司や同僚、メンバー、家族や友達など普段接している人に聞いてみる**といいでしょう。自分を客観視するのは難しいですが、他人を客観視するのは簡単です。まわりの人はあなたを客観的に見ているものです。図12は「ありがとう」のサンプルです。参考にしてみてください。

「ありがとう」の理由がわかれば、その「ありがとう」を言ってもらえるように働きかければいいのです。**「速くてありがとう」が多いなら、常に早く提出し、「あの人は速い」という評価を拡げていく**のです。それもダントツに。「あの人には速くやってもらいたいときにお願いしよう」という評価が拡がれば勝ちです。遅くても正確さが求められる仕事はあなたにこなくなります。

「この仕事ならあの人」という評価を得るには、いつも同じ結果という「一貫性」が必要です。持ち味に沿ったことなら、ラクに速くできるので一貫性を保つのは簡単ですが、ムリをすると長続きしません。

せっかく「速い」という持ち味があるのに、苦手な「遅くても正確」な仕事までやってしまうから、評価もそれなりになってしまうのです。

「速い」という評価を拡めるには、待っているだけではダメです。**「たたき台をつくりましょうか」**など、長所が活きる仕事をどんどんとりに行くのです。

あなたの仕事が得意なことでいっぱいになれば、苦手な仕事は入ってこなくなります。

今日から「ありがとう」と言われる仕事を舞い込ませ、ラクして速く仕事を進めていきましょう。

POINT

どんな「ありがとう」を言われているかを素直に聞いてみる

15

仕事は「緊急度」より、「成果が出る」を優先

仕事を洗い出し、優先度を決め、To Doリストに落とし込む。確かにこれで効率的に仕事を進めることができます。しかし、落とし穴もあります。

To Doリストの順番を決めるとき、「緊急度」と「重要度」だけで決めていませんか？

緊急度と重要度の決定権は、必ずしもあなたにはありません。上司が「こっちを急いで」とか、営業先から「見積もりの修正を今日の16時までにください」というように、「あなた」ではなく、「相手」の都合が大きく影響します。

事実、相手の都合で振りまわされることのほうが多いのではないでしょうか。

時間術の本によると、「緊急度が低く、重要度が高い仕事」が漏れないように段取りすることが要諦になっていますが、現場では緊急度が最優先されます。

注意してほしいのは、「緊急度が低く、重要度が高い仕事」の中に、将来のメシのタネになる仕事、あなたが本来やるべき仕事が多くあることです。

他人の「緊急度」に振りまわされている場合ではありません。

ここは思い切って、仕事を絞り込む軸を変えてしまいましょう。**「向いている」「成果が**

図13　仕事は「向いている」「成果が出る」で絞り込む

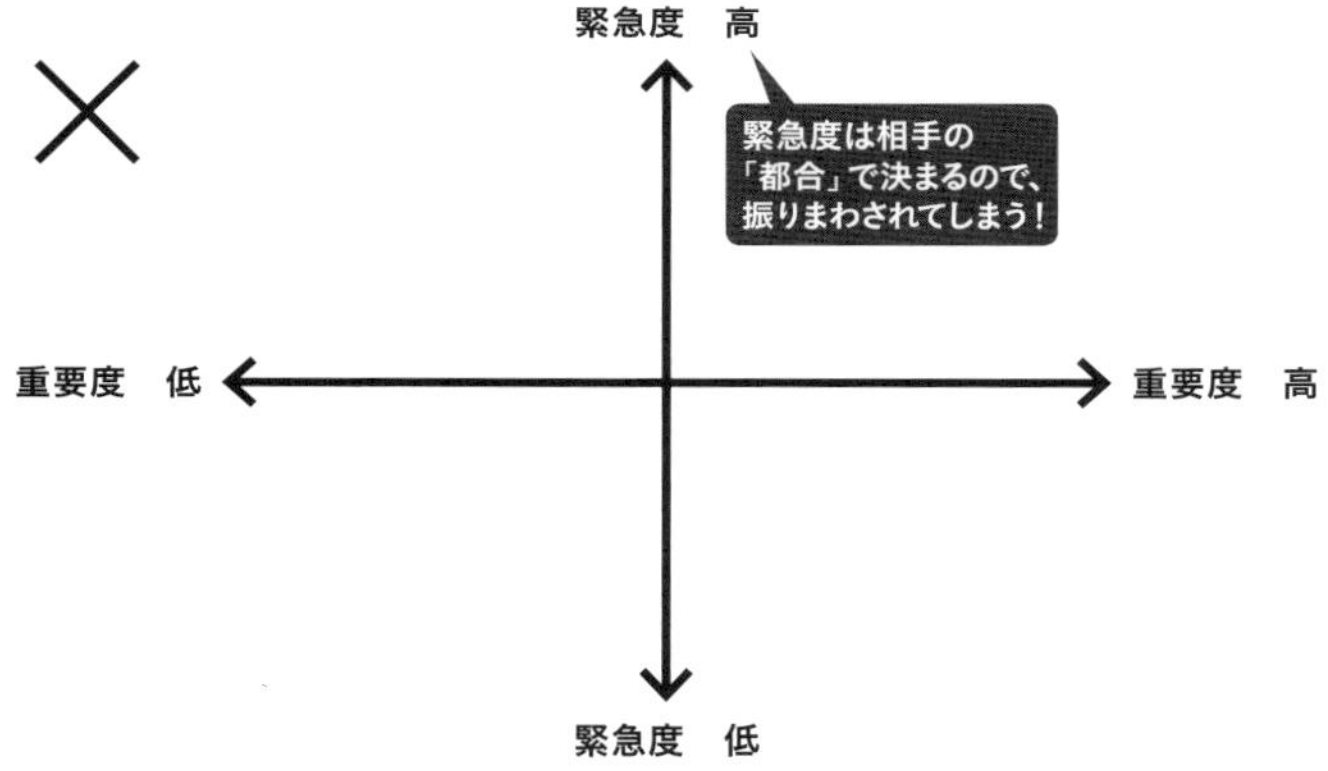

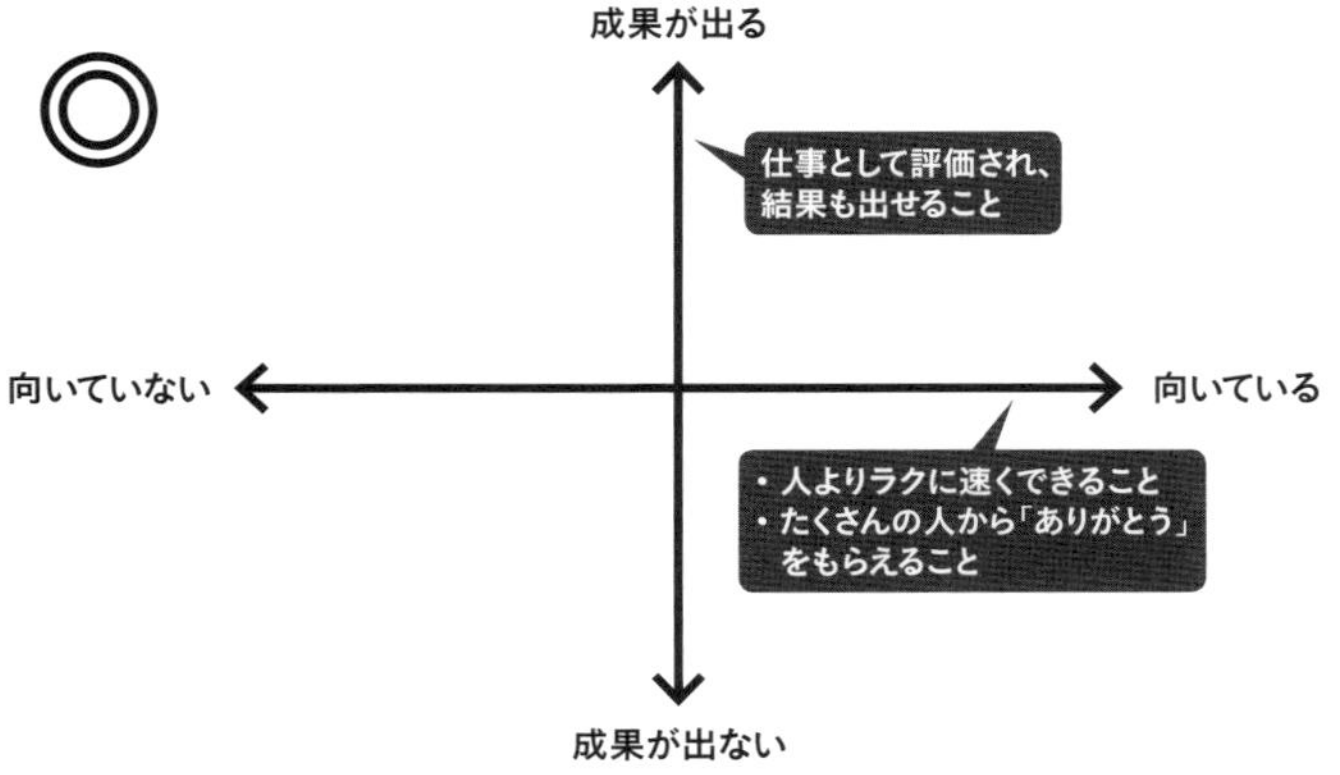

出る」の2軸で整理しましょう。

「向いている」とは持ち味。意識しなくても人よりラクして速くできることです。「ありがとう」をたくさんもらえる仕事です。

「成果が出る」とは、仕事として評価され、結果を出せることです。

あなたが、〝今すぐ〟やるべきこと

一番優先するのは「向いている」「成果が出る」ことです。大好きなおかずは最後にとっておいてもかまいませんが、仕事の優先度は違います。おいしいものほど先に食べてしまわないと、次々とおいしくない仕事が緊急の名目で入ってくるものです。

ここは、一番おいしい**「向いている」「成果が出る」仕事を遠慮なく、真っ先にスケジュールに入れる**のです。

成果が出れば、文句は言われません。成果が出る仕事は、あなたが得意なこと。得意なことは楽しみながら結果を出せます。さらに「その仕事をあなたに頼むのが一番確実」という評価から、どんどんおいしい仕事が舞い込む好循環が生まれます。

次に優先度が高いのは、「向いているが、成果が出ない」仕事です。具体的には、あなたのスキルアップにつながる仕事、あるいは将来のメシのタネにつながる仕事です。この時間をとらず、おいしい仕事だけをやり続けるのは危険です。

今あるスキルだけではいつか枯渇してしまいます。ライバルや後輩が力をつけたら、おいしい仕事も奪われてしまうかもしれません。第一、いくらおいしい仕事でも、同じ仕事ばかりしていたら、惰性になってきます。

仕事の時間の10%をこの投資の時間に充てましょう。 ポストイットで有名なスリーエムには、労働時間の15%を自分の好きな研究に使ってもよいという不文律があります。大手の外資系企業は予算や時間の5~10%以上を将来の投資につながることに使っています。

「向いている」「成果が出る」の2軸で考えれば、相手の緊急度や優先度は関係ありません。あなたが得意でやりたい範囲の仕事ならサササッと対応し、そうでなければ適任者につなぐのです。

適任者が対応するほうが、ラクして速く結果が出ます。任された人の評判も上がるので、Win-Winの関係になります。仕事の振り方については、次章で説明しましょう。

次ページに、「向いている」「成果が出る」の2軸で整理した仕事の進め方を図にまとめました。日々の仕事に役立ててください。

POINT

おいしい仕事が舞い込んでくる流れをつくろう

図14　「向いている」「成果が出る」で仕事を整理

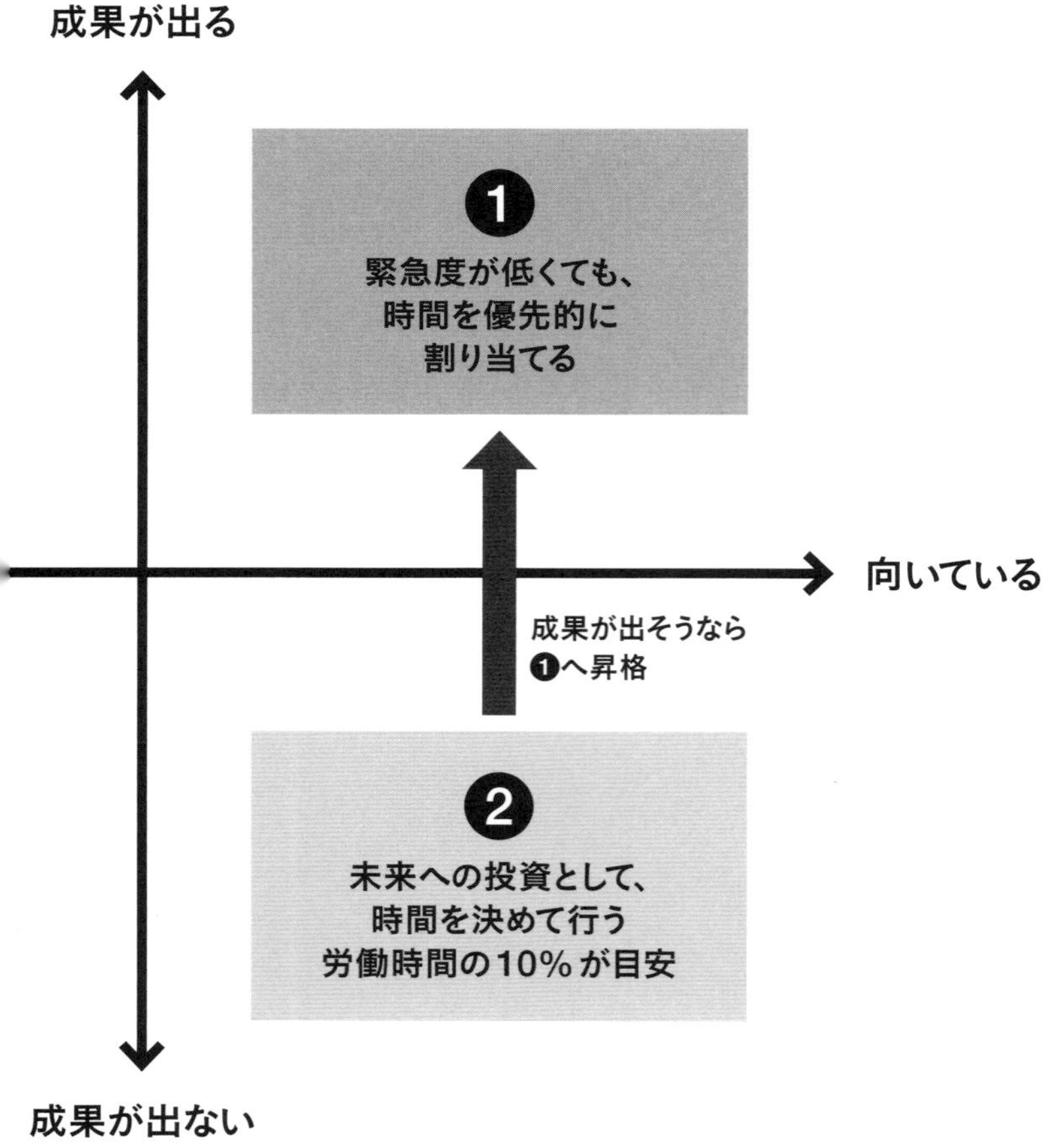

誰かに任せることで
❶の時間を増やす

❸
習慣化して
無理なく速く行う

向いていない

誰かに任せるのが一番

・なくす／やめる
・他にできる人を増やして依頼
・仕事をスピードアップして短時間で終了

効率化し続け、
どんどん減らしていく

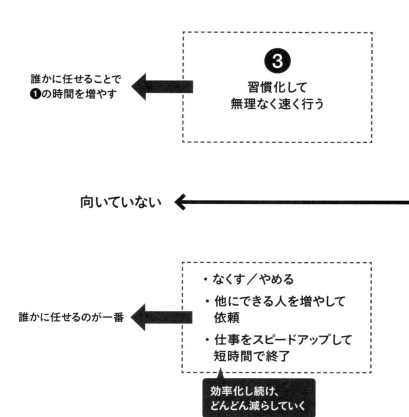

16

60分を超える会議には参加せず、重要アポを入れて堂々と出ていく

ムダな会議ほど、時間と労力をとられるものはありません。

NTTデータ経営研究所が1000人を超えるビジネスパーソンに、「現在の会議等について、感じている問題・課題」を尋ねたところ、「ムダな会議等が多い」がトップで45・0％。次いで「会議等の時間が長い」（44・1％）、「会議等の頻度が多い」（36・7％）と続きます。

さらに「会社で開催される会議等は、価値創造（仕事の生産性向上、イノベーションの創出等）に貢献していると思いますか」と尋ねたところ、「あまりそうは思わない」（51・1％）と「全くそう思わない」（15・8％）は合わせて66・9％。実に約7割の人が会議は価値創造につながっていないと感じているのです。

会議がムダであると感じているからでしょう。「会議中に内職をしている」と答えた人が41・7％もいます。

別の調査ですが、62・1％の会社がムダな会議を放置しているという結果もあります。

ムダな会議が多いと感じているのに、なぜ効率的な会議ができないのか？

それは、「おしゃべり（会議）」で、仕事をしている気になっているからです。

会議は「これ」だけ出ればいい

会議のタイプは3つあります。

①制限時間内に数多くアイデアを出すことが目的の会議
②意思決定を行う会議
③経営方針などを通達する会議

これ以外の会議はすべてムダです。参加する必要はありません。

「会議」とは目的に合わせ、事前に議題や論点を明記した配付資料を送り、各自がしっかり読み込んできたうえで参加し、時間内で結論を出し、かつネクストアクションまで決めるものです。

ブレスト開始直後に行き詰まったり、大量の配付資料が当日配られたり、アジェンダや論点もなくただ思いつきで話すものは会議とは言いません。

それは、ただの「おしゃべり」です。管理職が思いつきでしゃべり、「ああ、俺なんかいいこと言ったな」と自画自賛し、資料や提案をひっくり返して「あいつはまだまだだな～」と優越感に浸る会議ほどムダなものはありません。

外資系の会議は30分か60分です。短時間で集中して結果を出します。

1つの議題に60分以上集中するのは脳にとっては難しいのです。

会議は選んで出ましょう。**重要な意思決定を自分の意図する方向へ動かしたい会議には力を入れ、それ以外は力を抜いてスルーするくらいでいい**のです。会議にお声がかからず面白くないと思ったらダメ上司予備軍です。

通達事項なら、年度方針の発表などを除けば議事録を読めばすむものです。暇な管理職のおしゃべりにつき合う必要はありません。4割超の人が会議中に内職するなら、会議に参加しなくても同じです。

60分を超える会議には出席しない

外資系の場合、アメリカやロシアなどは同じ国内であっても国土が広く、なかなか集まることができません。また、国境をまたいで会議をすることも多いので、電話会議が主流です。慣れてしまえば、資料と音声だけのシンプルなやりとりになるので、余計な情報がない分、効率的です。

日本だと集まれてしまうのが厄介です。会議時間が60分を超えるときは出席しないことが賢明です。とはいえ、どうしても参加しなくてはいけなくなったときの裏技があります。「その会議よりもっと重要な予定」を入れて、途中で堂々と抜け出せばいいのです。

- **重要なお客様の部長から声がかかった**
- **専務から任されているプロジェクトの報告をこの時間にする必要がある**

会議参加者や招集した上司が「その予定なら会議を抜けてもしょうがない……」と思うような予定を入れてしまえば、胸を張って抜け出すことができます。

POINT

「それだったらしょうがない」という予定をつくってしまおう

17

うまくやるコツより、「普通の人と一番違うポイント」を聞く

仕事の勝利の方程式を知るにはどうすればいいか。

その仕事をうまくやっている人にコツを聞けばいいのです。

学生時代は、「カンニングはいけません。授業を受け、自分の頭で考えて解きなさい」と教わりましたが、大人は逆です。

うまくやっている人から教えてもらえばいいのです。


「この仕事をうまくやるにはどうすればいいのですか？ コツを教えてください」


この聞き方では30点です。

これでも、「ここをこうしてああして……」といろいろなノウハウを教えてもらうことは可能です。しかし注意点があります。優秀な人が重要視しているポイントが、差別化のポイントとは限りません。

勝利の方程式は、簡単でシンプルなものであることが多い。本人が無意識でやっていて

気づいていないケースも多いのです。
ですから、次のように聞けばいいのです。

人事コンサルタントのインタビュー技法

「普通の人と一番違うポイントは何でしょうか？」

これこそが一番のポイントであることが多いのです。

これは、外資系の人事コンサルタントが、リーダー候補者の思考や行動特性を探るときのインタビュー技法の1つです。

優秀な人と普通の人の意識や行動の違いをアンケートなどで集計し、ギャップが大きい項目を研修などで補おうとしても、結果が出ないことが多いのです。

大切なのは、「優秀な人が、普通の人とどこで差をつけているか」。これはアンケートでは見つけにくく、ギャップとしても表れにくいのです。

ある金融機関の窓口業務で優秀な人と普通の人の思考・行動の違いを観察して驚いたことがあります。普通の人はマニュアル通り、非の打ちどころがない模範的な接客をしていました。

一方、優秀なAさんは、マニュアルとは異なり、高級スーツをばっちり着込んだ紳士風の50代のビジネスマンには早々にお帰りいただき、逆にヨレヨレの恰好の60代中頃の女性をていねいに接客。即座に融資額を割り出し、支店長から決裁をもらってきていました。

この方法は「Aさんにしかできないマジック」と言われていましたが、「普通の人とはどう違うのか」をお聞きしたら、意外な言葉が返ってきました。

トップセールスは「ここ」を見ていた

「私はマニュアルではなく、来店された方の服装、顔色含めすべてを見ています。一番見ているのが靴です。靴にはその人の性格が出ます。高価でなくともていねいに長年手入れをした革靴を履いている方は物を大切にし、細やかなところまで気を遣えるので信頼できます。

逆に、どんな高価な物を身に着けていても、靴がボロボロだったり似合わない物を履いている人は、見栄っ張りな性格なので注意が必要。靴から入り、その人の目配り、呼吸、態度の見方さえわかれば、おおよその与信額までわかるのです」

早速、翌日時間をもらい、より具体的に来店者のどこをどう見て判断すればいいかを私はすべて洗い出しました。そして、Aさんと同じ視点、動き、対応ができるようにマニュアルをつくり直したのです。今までのマニュアルの流れと比較しながら示したので、普通の人との違いが手にとるようにわかりました。

この新しいマニュアルをベースに、Aさんとともに研修プログラムを作成し、他の支店の窓口担当者に受けてもらったところ、その支店の業績が翌月から3倍に上がりました。

普通の人は「自分のやり方」と「優秀な人のやり方」の違いがわかりません。

一方、優秀な人は「自分のやり方が普通の人とどう違うか」を知っています。ただ、普段意識することは少ないので、**あえて聞かないと出てこない**のです。

こちらが礼儀正しく聞くと、優秀な人ほど熱心に教えてくれます。本当のノウハウは、意外にシンプルで簡単なもの。遠慮なく聞きましょう。

POINT

「普通の人との違いは何ですか?」とズバリ聞く

18

「自分1人の仕事」より、「相手がいる仕事」から着手する

仕事をラクして速く進めるためには、心理的に負担がなく、着手しやすい仕事から進めていきましょう。何事も最初の5～10分が肝心。ここがスムーズに進めば、気分が乗り、リズムが出てきてラクに仕事が進んでいきます。

では、着手しやすい仕事をどんな優先度で進めるべきか。

自分1人で完結する仕事ではなく、「相手がいる仕事」から進めていきましょう。

報告書や提案書の作成といった提出期限が定められている仕事や、リーダーであれば、メンバーからの相談や決裁などの判断業務です。

仕事の相手はあなたが提出や判断をしてくれない限り、作業が進みません。そのため、仕事の締め切りが近くなると矢のような督促がきます。それがあなたの心や仕事全体の進捗を乱すことになります。

相手は、状況が見えないことが一番不安なのです。

しかし**「相手がいる仕事」から着手すれば、横やりを防げるだけでなく、相手からは感謝され、あなたの評判も上がります。**また、指示を出し切れば、「後は自分の仕事だけ」

と心理的な負担がなくなり集中できます。

メール返信は「1行」でスピーディに!

メールの返信は同僚・同期であれば、「承知しました」「そのまま進めましょう」「課長に確認して返信しますね」などひと言で問題ありません。

大事なことは仕事の流れを止めないことです。短文でもOK。あなたからの返信がないことで滞《とどこお》るのが一番のリスクです。

「お世話になります」「よろしくお願いします」などの定型文はいりません。余計な文章があると内容がわかりにくくなります。

私が見てきた6000名以上の優秀なリーダーは、共通して社内での承認、確認事項は1行で返信していました。あなたもマネしてみてください。意外と誰も失礼とは思わないものです。

POINT
仕事の流れは絶対に止めない

19

一生懸命やるより、先にしっかりゴールを描く

日本の大企業から中小企業まで、まったく同じ現象が起きていて、ビックリすることがあります。プランを考える順番が「逆」なのです。

ゴールにたどり着く道筋を最初に考え、その通りにするための壁や課題を設定し、クリアしていく手段を考えるのが本当のプラン。プランを立て、検証していくことでPDCAサイクルがまわり、検証するたびに正解に近づいていくものです。

しかし、9割の現場では、ゴールからではなく、今やっていることの延長で実施することを決め、「一生懸命やればなんとかなるだろう」と考えているのです。

心理学を学んだコンサルタントのフォルカー・キッツ氏によると、「脳はラクをしたがる」そうです。物事を考え、指令を出すのは脳の前頭葉なのですが、前頭葉を使うと脳に負担がかかる。そのため脳は「自転車に一度乗れるようになったら、ずっとラクに乗れるようになる」ようにパターン化し、無意識でもできるようにすることで、脳の疲労を抑えようとします。つまり**脳には、「今やっていること」「過去成功したこと」を繰り返そうとする性質がある**というのです。

過去の延長線で物事を考えてしまうのは脳のせいなので、仕方ありません。

では、どのように考えればいいのでしょうか。

現状は一旦無視し、考える順番を「逆」にしましょう。**ゴールを先に描き、その次に「どうすれば実現するか？」を考えるのです。**

6000名以上のリーダーの特性を分析してきましたが、大きな変革を成功させるリーダーは必ず「ゴール」を先に描いていました。

一方、現状から考えるリーダーは課長止まりでした。

現状の延長線上で考えるほうが堅実に見えます。誰もが予測できる〝しみじみ感〟があるからです。ただし、目標達成が難しくなると大きなプラン変更ができません。現状の延長ラインに乗っているからです。そのライン上で何とかしようとすると、「今の延長線でもっとがんばる」程度の施策しか浮かばなくなるのです。

現状の延長線上で何とかなるなら、誰も苦労しません。そして計算通りにいかないのは、計算を間違えるより、計算式が間違っていることが大半です。「過去の成功事例」「現状」は考えず、最短でゴールにたどり着くプランを考えましょう。

POINT

ラクにいかないなら、過去の方法はキッパリ捨てる

20

「落としどころ」よりも、あえて「理想の姿」を追い求める

なぜ、ゴールを先に描くと筋のいいプランが出てくるか？

それは潜在意識が上塗りされるからです。頭の中でうんうん考えるのが顕在意識。無意識に考え、判断しているのが潜在意識です。

潜在意識というと胡散くささを感じるかもしれませんが、心理学では理論が確立されていて、スポーツの世界では、イメージトレーニングで潜在意識をすり替えるのは常識になっています。

GEの元CEOのジャック・ウェルチ氏のエグゼクティブコーチを務めたマーシャル・ゴールドスミス氏と会談したとき、「エグゼクティブコーチングとは、事業のリーダーとしてふさわしくない行動習慣のもととなる潜在意識の中の思考癖やバリアに気づかせ、正しくリードできるようにさせること」とおっしゃっていました。潜在意識はそれほど根深く、そして気づきにくく、変わりにくいものなのです。

私たちは1日平均3万回以上の判断をしているそうですが、大半は無意識の潜在意識の中で行っています。「後ろから物音がしたら、パッとすぐ見る」などは無意識領域です。

いちいち「背後から物音が聞こえた。私に害があるかどうかを確認する必要がある。情報を把握するために振り返ろう」と頭の中で考えることはしないのです。

いわば潜在意識は判断するときの「癖」。この「癖」を味方につけましょう。

ゴールを先に具体的にイメージし、映像を浮かび上がらせ、本心からワクワクすることで、**「その状態は当たり前」というように潜在意識を置き換える**のです。

「落としどころはこのあたり」と本気で思っていると、だいたいその通りになります。日本では現状から考える癖がこびりついています。落としどころがあると安心する反面、その域を出ません。しかしご安心を。シンプルなたった1つの「問い」に答えるだけで、その呪縛から解き放たれ、脳が前向きに動き出します。

「今、あなたの頭の中の悩みや問題がすべて解決したとしたら、どうなりますか?」

この問いに答えると、不思議と現状から、フワッと未来へと意識が切り替わるのです。これはカウンセリングやコーチングなどでよく使われるていて、効果絶大です。

POINT

楽しいゴールをイメージし、本心からワクワクしよう

21

仕事の依頼時は「作業」より「作戦」を伝える

上司やリーダーでなくても、後輩やプロジェクトメンバー、仕入先などに仕事を依頼することがありますが、5W2H（なぜ、いつ、どこで、誰が、何を、どうやって、いくらで）で依頼内容を確認しているかもしれません。

しかし、5W2Hで仕事の依頼がすむのは、仕事内容の理解と達成能力があなたと同じレベルかそれ以上の場合だけです。

あなたの当たり前と、部下・後輩の当たり前は違います。

では、どんな指示が最適なのでしょうか。これにはちょっとしたコツがあります。

アウトプットを示したうえで、具体的な「How（どうやるか？）」を伝えるのです。

「How（どうやるか？）」はどうすればうまくいくかという「作戦」でもあります。ただ実際は「What（何を？）」を細かく指示しがち。具体的な作業が頭に浮かぶためです。しかし指示だと、相手の解釈次第で失敗することもあります。

次の「市のイベントで集客するケース」を見てください。指示の出し方で、ダメなところはどこでしょうか？

あなた「あと1週間で、参加者を20人集めなくてはいけないね」
相　手「イベントの集客は初めてなんです。どうしたらいいでしょうか？」
あなた「最低でも1日5軒は自宅訪問して、参加を呼びかけてみよう」
相　手「なるほど。では、自宅訪問するにはどうすればいいでしょうか？」
あなた「1日30軒は電話をかけて、アポをとらないと厳しいね」
相　手「30軒も！　それは結構大変ですね」
あなた「そのためにはリストを毎日50軒は用意してね。留守の人もいるから」

一見、あなたは相手に「1日30軒電話する」「50軒の電話先リストを用意する」と「How（どうやるか）」をていねいに示しているように見えます。
でも、どうでしょう。相手は結果を出せそうでしょうか？

相　手「一生懸命、毎日50軒のリストをつくって30軒電話しましたが、1日平均4軒のアポしかとれませんでした。結果、集客は15名でした」

一生懸命言われた作業をやり、あとはガッツと根性で運に任せる状態です。これでは運よく目標達成をしても、「件数をこなす」ことが目的になっています。ダメなときは「数を増やす」というプランしか描けないでしょう。

あなたの指示のどこが悪かったのでしょうか？

あなたは細かいＷｈａｔを指示しているので、相手はそのＷｈａｔの意図や意味を理解できないのです。

「30軒電話して5軒のアポをとる」のＨｏｗは、50軒のリストを用意することではありません。本当のＨｏｗは次のようなものです。

あなた「50軒のリストは『過去、参加したことがある人』から集めよう」

相　手「それはなぜですか？」

あなた「過去参加したことがあるので、その理由を教えてほしいと言えばアポはとりやすいから」

相　手「なるほど！　確かにそうすればアポはとりやすそうですね」

あなた「ＰＲや売り込みではなく、『昔は参加していたのに、今は不参加の理由を教えてほしい』と言えば、教えてくれるはずだよ」

相　手「理由は教えていただけそうですが、どう参加に結びつけるのですか？」

あなた「参加しなくなった理由を整理し、解消する方法を教えてあげれば参加してくれる可能性が高まるよね」

相　手「なるほど、そうですね！　どうやって理由を整理するのですか？」
あなた「参加しなくなった理由を、『①これから解消できそう』『②解消できない』の2つの視点で整理し、①は解消する方法を一緒に考えよう。その方法を精査し、参加しない理由を踏まえたうえで、もう一度アプローチすれば参加してもらえる可能性が高まるよね？」
相　手「確かにそうすれば参加してくれそうですね！」

Ｗｈａｔが細かい作業レベルになっていないか、きちんとＨｏｗになっているかを確認する方法は１つ。「作戦」を話しているかを確認するのです。

この例では「参加者がこなくなった理由を聞き、それを解消すれば参加してもらえる可能性が高くなる」が作戦になります。**迷ったときは、「仕事をうまく進めるポイントは何か？」を指示しているか確認**してください。急いで指示を出すときこそ、作戦から伝えていけば、やり直しは最低限に抑えられます。

POINT
そもそもの目的から話し、作業効率を高めよう

22

「形容詞・動詞」より、「名詞・数字」をどんどん使う

形容詞は便利ですが危険なものです。

それは、とらえ方に個人差が出やすい言葉だからです。

「大きい」と言われても、バレーボールくらいなのか、バランスボールくらいなのか、人によりとらえ方は異なります。また、「適正に」と言われても、何をもって適正なのかはわかりません。

話し言葉でよく使ってしまう**形容詞は、文章には不向き**なので、形容詞を発見したら、名詞や数字に置き換えましょう。

「早く報告書を完成させる」ではなく、「午前10時までに報告書を完成させる」なら、誤解は生じません。

形容詞の次は語尾のチェック。語尾があいまいな動詞になっていないかを見てください。形容詞同様、動詞もとらえ方に差が出やすいのです。

ビジネス文書で使いがちなのは、「確認する」「向上させる」などです。「確認する」だと、確認の仕方や基準にブレが出る可能性があります。「向上させる」も、具体的な数字

が入っていないと解釈に差が出ます。

語尾があいまいな動詞のときは、形容詞同様、名詞や数字に置き換えましょう。

「プレゼン資料を確認する」ではなく、「プレゼン資料の誤字脱字を修正する」。

「利益率を向上させる」ではなく、「利益率を前年度3％アップさせる」。

このようにすれば誤解の余地はありません。使用に注意が必要な語尾を図15にまとめましたので、役立ててください。

POINT

あいまいな言葉は一切使わない

図15　書類で使わないほうがいい語尾

- ～を向上させる
- ～を徹底する
- ～を強化する
- ～を的確にする
- ～に近づける
- ～をスムーズにする
- ～の程度にする
- ～を迅速にする
- ～を完全に～する
- ～より多くする
- ～を身につける
- ～を認識させる
- ～の努力をする
- ～を心がける

23

メールはすぐに返事せず、見れないようにして「チラ見」を防ぐ

あなたの仕事に割り込んでくるのは上司、お客様、社内の人だけではありません。メール、SNS、メッセンジャーの「通知」も含まれます。

文章を書いていて、メール受信のポップアップが目に留まり、メールをチラ見。そして文章の続きに戻ったとき、「あれっ、何をするんだっけ？」と思い出すのに時間がかかったことはありませんか？

「のこぎり刃現象」という言葉をご存じでしょうか？

多くの人は、集中しているときに作業を中断すると、集中力がほぼゼロになるそうです。再び集中力を高めるには時間がかかります。走り出し、トップスピードになるまでは時間と加速が必要になるのと一緒です。「トップスピードになる→中断する→再びトップスピードになる」、この繰り返しのイメージがギザギザした「のこぎりの刃」に似ているので「のこぎり刃現象」と言われます。

メールのチラ見は「のこぎり刃現象」を招くのでやめましょう。さらに悪いことに、「チラ見」をすると、ミスも増えます。

アメリカのミシガン州立大学には、「作業を3秒中断すると、作業に戻ったときにミスをする確率が2倍になる」という研究結果があります。集中力が途切れるからです。

私たちの仕事は1日の中で中断、集中を何度も繰り返すものです。中断はできるだけ減らしましょう。

メールは「即レス」しなくてもいい

メール、SNS、メッセンジャーなどの通知はすべてオフにしましょう。メールの返信は24時間以内が暗黙のビジネスルール。**1日2～3回、まとめてメール処理をする時間をとれば、まわりは困りません。**普段きちんと対応していれば、まわりの反応は意外とあっさりしているものです。逆にメール処理に集中できるので効率も上がります。

スマホのバイブレーター機能も厄介です。バイブがブルッと震えると、強制的に思考が遮断されます。ムダなスマホチェックを減らすために、バイブは一切止めましょう。

POINT

おせっかい機能はすべて止める

24

スマホは「フリック入力」より、音声入力の「Ｓｉｒｉ」を使う

フリック入力とは、スマホの入力を速くするためにできたものです。「あ」のキーにタッチすると、周囲に「い」「う」「え」「お」が花びら状に出現し、指を払った方向の文字が入力されます。「フリック（flick）」とは英語で「指でサッとこする」という意味です。慣れれば画面をタップする手間が減るので高速入力が可能です。

しかし、フリック入力よりラクに速く入力する方法があります。

それは「音声入力」です。iPhoneなら、文字を入力するキーボード左下のマイクのマークをタップすると音声認識ソフトの「Ｓｉｒｉ」が立ち上がります。Android（アンドロイド）にも、端末ごとに音声認識ソフトがインストールされています。

現在の音声認識技術を使えば、指を使わずにスラスラ入力できます。**「お世話になっております　まる　改行」**などと、改行したい部分や句読点の位置も声に出せば、手入力より簡単に入力してくれます。

音声入力なら、エレベータ待ちをしている1分間に1通程度のメールは書けるのでオススメです。

メールだけではなく、アイデアメモや文章・原稿書きにも使えます。長時間PCでローマ字入力すると、指や腕が疲れますが、音声入力は話すだけです。WindowsでもMacでも標準装備に音声入力機能がついています。グーグルの音声認識は高性能ですので、一度ダマされたと思ってやってみてください。

ただ、**長い文章を一発で仕上げようとするのはやめましょう**。一度書いたのち、何度かレビューして修正するなど、音声入力は仕上げではなく、最初のドラフト作成に能力を発揮します。

音声入力で注意するのは2つ。

1つは、文章修正がやりにくいこと。話すのを一旦止めると、頭の中に浮かんでいた文章は消えてしまいますし、手入力で修正したほうが速いです。

もう1つは声に出すとき、照れてしまうこと。一方的に機械に向かって話すことに慣れていないと、恥ずかしいかもしれません。喫茶店、エレベータの前、バス停など、他の人も話す場所なら気になりません。別売りですが、音声入力用延長マイクを使えば歩きスマホになりません。勇気を出して一度やってみましょう。

POINT

恥ずかしがらず、どんどん音声入力を使おう

25

室温より、「二酸化炭素濃度」の調整で集中力アップ

カフェで仕事をするときもあるでしょう。

最近は、フリーWi－Fiは当たり前になり、コンセントまであるカフェも見かけます。自宅ではなく、あえてカフェで執筆する作家も少なくありません。

カフェだと集中できるのはなぜか？

1人になれるので飛び込み仕事がなくなり、作業に集中できる。居心地がいいし、普段とは違う環境なので、気持ちが切り替わりアイデアも浮かびやすい。こうした理由もあるかもしれません。

実はもう1つ、大きな理由があるのです。それはカフェの二酸化炭素濃度。人が最も集中しやすい濃度になっているのです。

アクセンチュアの調査によると、人が創造性や集中力を高め、生産性を上げるのは「室温24度、二酸化炭素濃度450～900ppm」の環境だそうです。二酸化炭素濃度は低すぎても高すぎてもダメとのこと。カフェ、自宅、オフィスなど、どこが一番この状態に近いのかを調べた結果、なんと「カフェ」だったそうです。

会議室などで長時間の会議をしていると、2000～3000ppmにまで上昇するといわれています。二酸化炭素濃度が高まるだけで眠気が起きます。高くなった二酸化炭素濃度をどう下げればいいか。観葉植物を置いて二酸化炭素を酸素に変えてもらうことはできます。緑は目にもやさしいです。ただ、会議室で急激に上がった二酸化炭素濃度を下げるには至りません。

ではどうするか。簡単です。**換気すればいい**のです。

外気の二酸化炭素濃度は330～400ppmです。会議を始めて30分くらい経ったら、窓を開けて換気しましょう。これで900ppm前後になります。

600社以上の会社や工場・開発現場にコンサルティングで伺いましたが、生産性が高く、活力がある会社は空気が常にフレッシュでした。逆に生産性や活力が低い会社は空気がこもり、よどんでいます。

私が研修や会議をするときは、窓を少し開けています。高層ビルで窓が開けられないときは、外気冷房を行っているかを確認してください。外気の温度と湿度を利用した省エネはよく用いられています。空調に近い場所を確保すれば、集中力は落ちにくくなります。

POINT

こまめに換気して、集中力を高めよう

3章

抱え込まない

ラクして速く仕事を進めるだけでは、
本当の意味での生産性は上がりません。
やりたくない仕事や他人のノルマの不足分が
まわってくることもあります。
くやしいですが、仕事の決定権を持つのは上司。
NOが言いにくい日本で、仕事の総量をどう減らすか。
できるだけ抱え込まないようにするか。
「自分で工夫する」「まわりに働きかける」の
2軸から解説します。

26

苦手な仕事より、得意な仕事を人に振る

仕事を抱え込まないようにするには、仕事を誰かに任せることが必要です。

しかし、言うのは簡単ですが、やろうとすると難しいものです。人に任せるより自分でやったほうが速い。「やりたくない仕事を押しつけられた」と思われたくない。こうした気持ちが出てくるからです。

でも発想を変えましょう。仕事を誰かに押しつけて、自分だけがラクをするのではありません。得意な人が得意な仕事をできるように、チーム全体で仕事を再配分するのです。

誰かが苦手なことは、必ず得意な人がいます。得意な人にやってもらえば、本人も成果を出せるし、モチベーションも上がり、チームとしての生産性も上がります。いいことづくめなのです。

あなたが手元に残していいのは、「あなたが得意で、あなたにしかできない仕事」だけ。その仕事を通じて、「速くなった、質が上がった、量が増えた、停滞から抜け出せた」という今までにない価値を生み出しましょう。

大事なのは「振り方」です。丸投げや無茶振りは無責任。「あなたの成長のため」と

言っても、相手はそう思いません。相手に「苦手な仕事、やりたくない仕事」と思われたら、仕事は受けてもらえません。

「正義」や「大義名分」が必要です。1人のためでなく、「みんなのため」と言うのです。

「みんなが早く帰れるように、段取りや分担を見直そう」

「みんなのため」という言葉を使うと、途端に反対しにくくなります。「みんなのため」という正義に弱いからです。

得意な仕事こそ、どんどんまわりに振る

あなたが苦手な仕事は当然ですが、あなたが得意な仕事もどんどん振りましょう。

あなたから仕事のコツを教われるなら、まわりは喜んで仕事を受けたくなります。得意な仕事こそ、まわりに振るべきです。

しかし、得意な仕事はなかなか振れないもの……。

ここで戦わなくてはいけないのが「私がやったほうが速い」「得意な仕事を他人にとられる」という意識です。得意で評価されていること、自信のあることを他人に渡したくな

いと恐れがちですが、思い切って手放しましょう。手元に残すのは、「あなたが得意で、あなたにしかできない仕事」だけだからです。

ただ、手放すには「本当にあなたでなければできないか」「あなたでなければ質を保てないか」をじっくり検証する必要があります。

得意な仕事を洗い出し、その具体的なノウハウを他人でも使えるようにツールやフォーマットに落とし込んでみましょう。本当にあなたでなくてはいけないかを客観視できます。ツールやフォーマットに落とし込めるものは、他の人でもできます。

落とし込めたものはどんどん人に振りましょう。あなたの評判が上がるだけではなく、「あなたが得意で、あなたにしかできない仕事」の時間も増えます。

また、ノウハウを整理して人に教えることで、あなたの理解力もいっそう深まります。あいまいな点や詰めの甘さがハッキリするからです。

自分にとっての「得意な仕事」をもう一度見つめ直しましょう。「他の人でもできる」なら、どんどん振ったほうがあなたのためになるのです。

POINT

得意な仕事こそ抱え込まず、まわりに振ろう

図16　得意な仕事こそ、どんどん振る

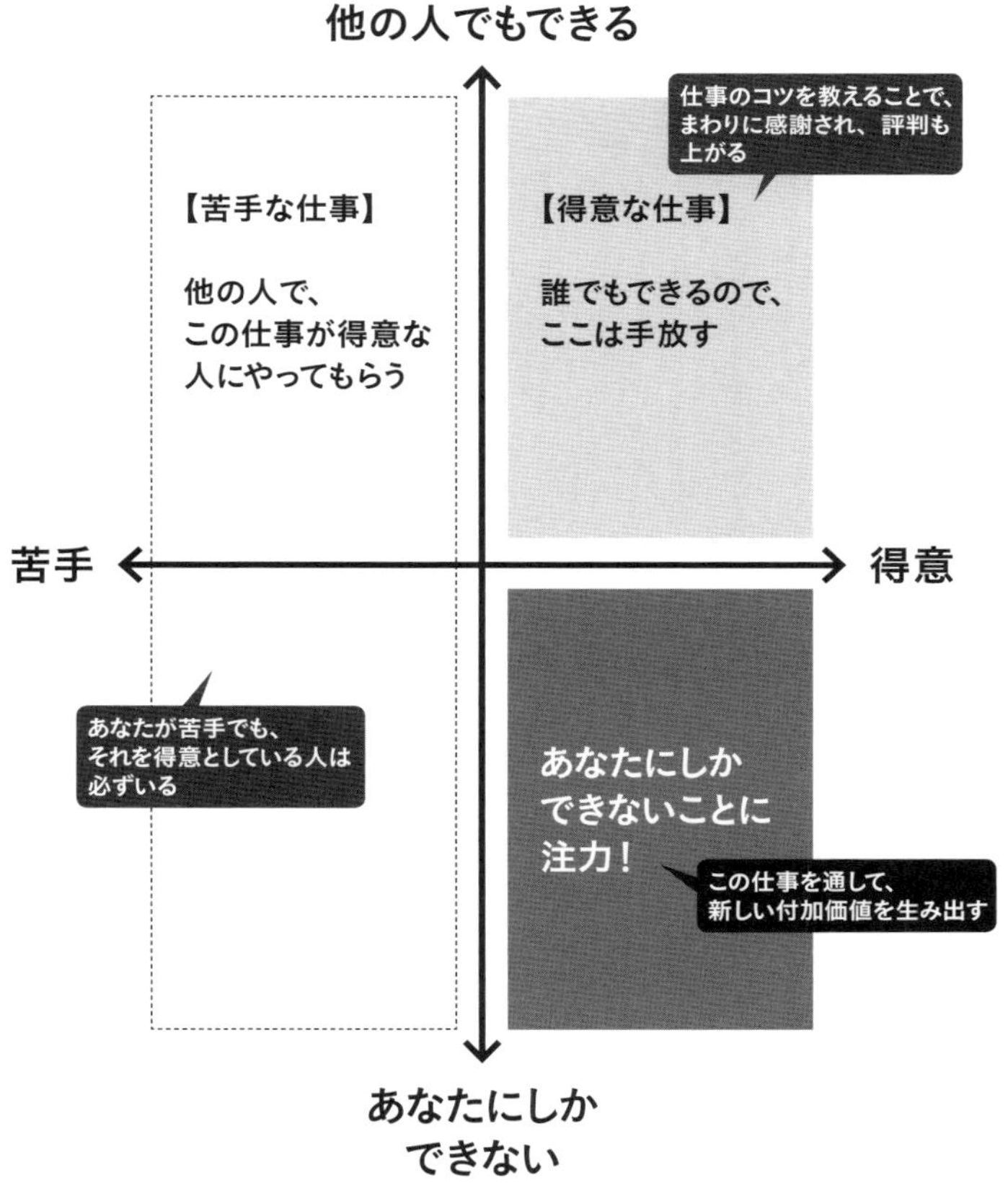
他の人でもできる
【苦手な仕事】
他の人で、
この仕事が得意な
人にやってもらう
仕事のコツを教えることで、
まわりに感謝され、評判も
上がる
【得意な仕事】
誰でもできるので、
ここは手放す
苦手
得意
あなたが苦手でも、
それを得意としている人は
必ずいる
あなたにしか
できないことに
注力！
この仕事を通して、
新しい付加価値を生み出す
あなたにしか
できない

27

どんなにイヤな仕事でも、まず「わかりました」と言う

「これやってくれないか、急ぎで」

あなたの都合を無視して、上司、取引先、部下・後輩は仕事を依頼してくるものです。余裕があるときならいいのですが、忙しいときに限って仕事の依頼が重なります。

「NO」と言えればどんなにラクか。断る勇気はなかなか持てないものです。

でも、断らなくていいのです。相手は自分の仕事を期待通りに誰かがやってくれれば満足します。ただ「断る」のではなく、「どうすれば依頼主の仕事が進むか」を伝えてあげるのです。テクニックを解説しましょう。

①断る場合でもまず「わかりました」と言う

大事なことは「受ける・受けない」にかかわらず、相手とスムーズなやりとりをすることです。人は存在を認めてくれないことを一番嫌います。いきなりNOを言うのはやめましょう。相手が上司、他部署ならなおさらです。逆に、立場を利用してごり押ししてくるでしょう。ムダな時間と労力がかかり、ストレスもたまります。

ひと呼吸置いて、「わかりました」と最初に言うのです。受ける・受けないの前に、「依頼内容はわかった」と言えば相手の心はいったん落ち着きます。「わかりました。締め切りはいつですか?」と受ける前提で納期を聞き、自分の状況を整理します。最初に相手を受け入れながら自分の意見を主張する「YES/BUT法」で行きましょう。断る場合でも、代案となる解決策をつければ相手は怒らないので、最低限のやりとりですみます。

②いつならできるかを言う

今すぐあなたが着手できなくても、最終ゴールは先のときがあります。「今の仕事の次に着手すれば、午後4時には仕上げられますが、間に合いますか?」と、自分の仕事の具合を伝えたうえで、いつまでならできるかを伝えてみましょう。

急ぎと言っても、実はそこまで急ぎでないことも多いのです。仕事の最終の締め切りを確認したうえで対応しましょう。

③予定を確認したうえで、いつまでに返事するかを言う

他部署からの依頼の場合、上司の確認が必要など、仕事を受ける・受けないを即答できないときがあります。「予定を確認して折り返します」だけでは不十分で、相手はいつ返事がくるかがわからないと不安になるもの。しかし「○時までに返事をします」と伝えれ

ば相手は安心します。不安なときは1分1秒が長く感じるものです。相手のストレス軽減と時間の有効活用の面からも、しっかり伝えましょう。

④他の人を紹介する

依頼主が上司の場合は無理ですが、他部署からの場合は、納期までにできればいいので、あなたの代わりの人を紹介することも有効です。あなたに部下がいなくてもかまいません。同期、同僚、後輩であれば紹介できます。ただし、「田中さんがいいと思います」と名前を伝えるだけでは不十分。相手は「たらいまわしにされた」というネガティブな印象を持ちます。

「今できるか聞いてみますね」や「私からも彼にメールを入れておきます」という「つなぎのひと手間」があると、あなたに対する心証もよくなります。断ったのに「よくしてもらえた」と思ってもらえるのです。

⑤優先度を確認する

上司からの依頼が一番やっかいです。他の人は紹介できないので、「どう受けるか」しかありません。受ける流れを想定し、優先度と分担を逆提案しましょう。

「この仕事を優先します。Ａの資料を明日の15時にレビューしていただく約束でしたが、最終納期は明後日です。定時までに仕上げますので、明日の朝一でフィードバックしていただけないでしょうか？」

このようにお互いの最善案を提示すれば、上司もそれでいけばいいか、逆に他の人に依頼すべきかの判断ができます。

すべての仕事を抱え込むのは、最終的に依頼主に迷惑をかけることになります。あえて「ＮＯ」を言うほうが親切なときもあります。「ＮＯ」と言えず、「受けた・受けない」があいまいになるのが最悪です。

「ＮＯ」は単体で使うとしこりを残し、ただ嫌われるだけです。〝嫌われる勇気〟を持たずとも、どうすれば依頼された仕事が速く進むかを考えると逆に感謝されるので、安心してＮＯと言いましょう。

POINT

どうすれば依頼された仕事が速く進むかを考えると、逆に感謝される

28

「やらせてください」と言わず、「過去・現在・未来」の3点セットで語る

仕事を依頼するとき、依頼者はどんな視点で決めるかご存じでしょうか？

一番が過去の実績です。当然、仕事を任せる側は常にその分野の№１にお願いしたいと思っています。

しかし、必ずしも実績だけではありません。「アイツならやり切ってくれる」「彼ならいい結果を出してくれるだろう」という未知の期待もあります。実績があっても、やる気がない人には任せたくはありません。

ポイントは「意欲」と「安心感」。任せたくなるのは「まだまだ仕事ができます」「大きな仕事も任せてください」というポジティブな意欲とオーラをまとった人です。

しかし、「やらせてください」という口先だけでは信頼されません。安心感がないとオーラは出ないからです。安心感を出すにはポイントがあります。「過去・現在・未来」を語るのです。

過去：どんな役割を担い、実績を出してきたか（実績・得意分野）

現在：今どんな仕事をしているか（現状の役割と空き状況）

未来：過去、現在を踏まえてどんなことを具体的にしていきたいか（意志・意欲）

1つ例をあげましょう。

過去：これまで広告代理店A社で営業、B社でマーケティングをしてきました。そこで培った自分の強みは女性向け商品のリサーチとプロモーションです。

現在：30代女性向けの化粧品の宣伝のプロジェクトリーダーをしています。

未来：長年の趣味であるヨガやマクロビを活かし、30代の女性が心と身体と精神を輝かせる毎日を提案していきたい。

私の場合は、

過去：マーサー、アクセンチュアなどで600社以上の人事改革に携わり、5万人を超えるリストラ、6000人以上の次世代リーダーの選抜を行いました。

現在：コンサルタントとして独立し、大企業から中堅企業の人事・戦略のコンサルティング、研修講師、ビジネス書の執筆をしています。

未来：ＡＩ時代になっても、自分らしく活躍できるキャリアや働き方を若い人に伝え、支援していきたい。

大切なのは普段からまわりに話しておくこと。 認知されなければ意味がないからです。過去↓現在↓未来の３点セットで伝えるのがコツです。過去の実績アピールだけだと、ただの自慢話に聞こえてしまいます。

一方で現在やっていることだけだと、「どんな仕事を受けられるか」の確認にしかなりません。

未来だけだと「やりたい」という願望を述べているだけです。

しかし３点セットで「一貫性」が出てきます。一貫性はあなたの「パーソナルブランド」です。一貫性が安心感を生み、「こいつに任せよう」と判断されるわけです。

過去、現在、未来を普段から語り、「あの人はこういう人」という認知を広めていくことで、チャンスがまわってきやすくなります。

「どう見られているか」をもっと意識する

「一貫性」は言行一致が前提です。普段自分で言うだけでなく、まわりから見ても、その通りやっていると認められる必要があります。幹部候補を選ぶときも、本人の意欲やオーラだけではなく、まわりの評判で裏をとります。

仮に、あなたが大活躍していることが事実でも、自慢したり、横柄な態度をとったりするとまわりはいい印象を抱きません。逆に嫉妬されて足を引っ張られます。

「確かにあいつは実績を出していますがダメです。他の人の手柄までとり上げて、最近天狗になっています」と言われたらおしまいです。

評判はまわりからの認知で決まるので、事実だけでなく、どう見られているかがキーになります。

評判を上げる近道は、常にまわりに感謝することです。仕事は1人で完結することはありません。必ず連携プレーがあります。「うまくいったのは○○さんのおかげです。ありがとうございます」と声に出して言いましょう。ただ、「なんでもかんでもありがとう」では、お礼を言っていないのと一緒です。**「ありがとうございます」は具体的に、何の、どこが、どうよかったのかをハッキリ言葉にしないと伝わりません。**

言行一致で、まわりに気配りできる人の評判は確実に上がっていきます。

POINT

過去・現在・未来で語り、一貫性を持たせる

29

1日を8時間ではなく、6時間で考える

スケジュールは他人に振りまわされたくないものですが、自分の都合ですべてのスケジュールを決められるわけではありません。

あなたは、相手の都合を優先してスケジュール調整をしていませんか？

それでは〝ダメリーマン〟です。

どんなに自分の仕事のスピードをあげても、スケジューリングで振りまわされたら生産性は一気に落ちます。

スケジューリングこそ、力の「入れ所」と「抜き所」があるのです。

まずは**「皆さん、ご都合はいかがでしょうか？」と聞かないこと。**これでは、権限のある人たちの都合でどんどん決まってしまいます。

スケジュールは、先に提示された案に沿って検討・調整される傾向があります。相手が誰であってもかまいません。「次回のミーティングは、○月△日13時でいかがでしょう？」と先にあなたの都合で提示するようにしましょう。

先に提示することで「いつがいいかな」から、「この日のこの時間なら大丈夫」という

意識にまわりを切り替えさせることができます。

私が選抜に関わった6000名以上のリーダーたちは、優秀な人ほど最初に日程を提示してきました。

参加者の日程案をメールで集計する場合は、調整役に立候補しましょう。自分優先で日程を決められるからです。スケジューリングのコツは次の4つです。

①ミーティングや外出は日程を絞って固める

ミーティングや外出は相手があってのことですが、すでに決まっているなら、その日に固めて入れます。特に外出が伴うミーティングは移動時間もかかるので、同じ地域で固めてしまうのが得策です。

「ちょうどその日、近くにおりますので、ミーティングはこの時間でいかがでしょうか?」と言えば、よほどの先約がない限り調整してくれます。「1日中事務作業」「1日中ミーティング」「1日中外出」としたほうが、必要なものの準備や持ち物、服装などで悩む必要がなくなります。1つのことに集中したほうが時間を有効に使えます。

②1週間の疲れ度合を想定して日程を固める

若いときは体力があるので気になりませんが、年齢とともに確実に疲労はたまりやすくなります。私は30代前半の頃、事業再生のプロジェクトに携わっていました。1日の睡眠時間は2時間程度。体力があり余っていたので普通に仕事ができている感覚でしたが、曜日が進むにつれスピードや質は確実に落ちていきました。体力的に大丈夫でも、徐々に疲労はたまります。考える仕事は午前中、金曜の午後一番は簡単な事務作業と、メリハリをつけて仕事を固めておくのが得策です。

③その日の「気分」を想定して予定を固める

苦手な相手との打ち合わせ、ストレスのかかる会議の前は気が重くなります。そうした予定は固めず、「気分が乗る／乗らない」の視点で、気分転換できる予定を差し込みましょう。週の真ん中と終わりにあたる水曜や金曜に「おいしいランチを食べに行く」「趣味の時間を確保する」「予定を入れて直帰する」など、楽しい予定を入れるのもオススメです。その時間を楽しむために、事前にやるべきことはやっておこうという気持ちになり、集中力だけでなく生産性もモチベーションも上がります。

④1日の予定は6時間で見積もっておく

1日8時間の労働時間を6時間で組んでみましょう。

「分単位」でビッシリ予定を入れると効率的に見えますが、トラブルがあるとすべての予定が狂います。分単位の仕事は精神的にもプレッシャーがかかり、ストレスもたまります。やりたい仕事が急に舞い込んできても、手をあげられません。

人事の世界では、誰しも「2割ほど自己評価が高い」のが通説です。1日6時間で設定すれば、食事時間などの休憩1時間と2割の自己評価過信分を入れるとちょうど8時間に収まります。もし予定通りなら、この2時間がバッファになります。

1日6時間で設定しておけば、イレギュラーなことが発生したり、チャンスが舞い込んだりしても手をあげる余裕が生まれます。

「締め切り効果」という言葉をご存じでしょうか。締め切りを守ろうとすることで、無意識のうちにパフォーマンスが上がる現象です。1日の予定を6時間で組み、「締め切り効果」を意図的に活用すれば、仕事も速くなります。

1日を6時間で設定して、2時間余ったら、72ページで示した「成果が出ないけど、向いていること」に時間を使えばいいのです。

POINT

1日を6時間で設定すると、仕事が速くなり、楽しくなる

30

〝昇る人〟は仕事ひと筋ではなく、「ムダ」を愛する

元祇園甲部《こうぶ》の芸妓、岩崎究香《みねこ》氏をご存じでしょうか？

本田宗一郎氏をはじめ、各界の巨匠を贔屓《ひいき》筋に持った〝伝説の芸妓〟です。彼女が、優秀な人材を指す〝昇る人〟の特徴について語った話を聞いたことがあります。

その特徴の1つに「ムダを大事にする」がありました。

「お座敷遊び」も楽しみながら追究され、「遊び」も「仕事」も好奇心旺盛、やるからには徹底的に楽しむそうです。

頭髪の薄かった本田宗一郎氏に対し、岩崎氏は遊び心で〝ぼてかつら〟（紙と漆でつくったカツラ）を用意し、実際にそれをかぶせてみたそうです。すると本田氏は怒るどころか大喜び。皆で盛り上がったそうです。

この「ムダ」は決してムダではなく「宝」だそうです。「こんなことしたらムダやな」と思うことはある。でも、好奇心を持ってみると、「ムダ」と思えるものの中にも、「これは重要だな」と感じられることもあると力説されていました。

一流の人は、好奇心と探究心が半端なく旺盛です。**ムダですぐに成果が出ないようなこ**

とても、とり組んでいく中で価値を見出します。

私は負けず嫌いで、30代のときは、「追い込まれた修羅場でこそ人は成長する」と、睡眠時間が1～2時間の日々を2年続けたある日、原因不明の高熱とリンパの腫れに襲われました。3週間入院してクライアントやメンバーに迷惑をかけた苦い経験があります。生産性と効率化だけを求めると、人はいつか燃え尽きます。

事実、**成功しているリーダーはスケジュール管理を一本化して、プライベートの時間も確保しながら、仕事で成果を出しています。**私はシングルモルトの入門者向けの試飲会を定期的に開催していますが、外資系に勤めていたときは、「スコットランド会議」という名目でスケジュールを押さえていました。海外から見ても、「会議がスコットランドであるのかな？」くらいにしか思われず、予定を後から奪われることはありませんでした。

スケジュールは振りまわされると苦しくなり、余裕がなくなります。スケジュールは自分主体で決めると余裕が生まれ、ワクワクし、チャンスも舞い込んでくるようになります。

POINT

効率的に働いて、人生を豊かにする時間に充てよう

31

整理整頓の前に、9割捨てる

あなたのデスクはスッキリしていますか？

PCのデスクトップはアイコンだらけになっていませんか？

プロジェクト管理のコンサルタント、リズ・ダベンポートによると、人は年間150時間を探し物に費やすそうです。8時間勤務なら年間約18日、つまり約1カ月分の時間を探し物に充てている計算です。

急ぎのタイミングに限って、あるべきところに必要な物が置いていなかったりするものです。「プライベートでは整理整頓できているが、職場ではどうも……」などということはありません。仕事もプライベートも一緒です。

意識しないと身のまわりは物であふれます。物が多いとどうしても探し物をする時間が増えます。目の前にある9割の物は捨てるくらいでちょうどいいのです。

ところで、「整理」と「整頓」の違いはご存じですか？

「整理」とは、必要なものと不必要なものを振り分け、不必要なものを捨てること。

「整頓」とは、必要なものを機能的に配置することです。

つまり、整頓の前に整理が必要です。物が多いとわかりやすく配置することは難しくなりますし、場所がわかっていても、とり出すのに時間がかかるので非効率。

ビジネス資料は「いる」「いらない」「捨てる」「残す」を考えがちですが、危険です。残す必要があるものは、次の3種類だけ。

「これ」以外は捨ててOK!

①法律・契約関連、クライアントへ納品した資料や備品
②「言った言わない」にならないように言質を含んだ重要なメールや議事録
③納期、量、価格といった仕事の受発注に関する書類

右記以外の資料はどんどん捨てましょう。

デジタルデータも同様です。どんどん捨てていきましょう。「念のため、このデータは残しておこう」などと考えがちですが、するとファイルが「最終」「最終修正版」「本当に最終」などと際限なく増え、何が本当に最後のものかわからなくなり、ミスの原因になります。

作業フォルダはプロジェクトのフェーズごと「(Process(作業中)」「Final(納品)」の

図17　作業フォルダは「2つ」だけ

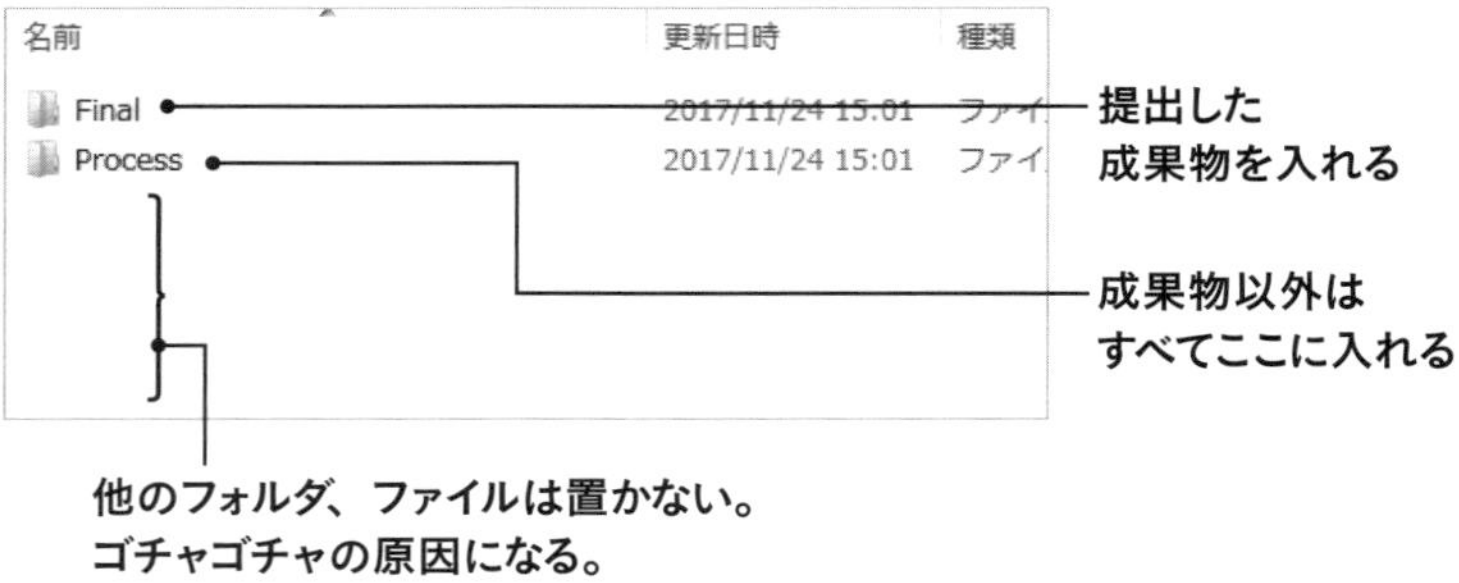
名前
更新日時
種類
Final
2017/11/24 15:01
ファイ
Process
2017/11/24 15:01
ファイ
提出した
成果物を入れる
成果物以外は
すべてここに入れる
他のフォルダ、ファイルは置かない。
ゴチャゴチャの原因になる。

2つにしましょう。「Final（納品）」は最終的にお客様に納めたもので、それ以外はすべて「Process（作業中）」フォルダに入れておきます。そして、納品して仕事が終わったら、「Process（作業中）」フォルダを「覗かない」でゴミ箱に移すのです。納品したら絶対に「Process（作業中）」フォルダは開けずに捨てましょう。

どうしても残したい資料があるなら、「Others（その他）」フォルダをつくり、そこに入れます。

ただし1年たったら「Others（その他）」フォルダは覗かずに捨ててください。**1年たって使わなかった資料はもう使うことがありません。**フォルダごと捨てます。

本当に必要な部分があれば、その他の資料で引用しているものです。

ファイルを残す基準は、「他人が見ても、業務を問題なく引き継げるレベルまでシンプルに整理されているかどうか」です。

週に1回は時間を決めて資料やデータを整理しましょう。週に1回はやらないと習慣にならないし、どんどんデータもたまってしまいます。データは全部自分で持つ必要はありません。必要なときにとり出せればいいので、全員が使う物ならクラウドにあげて共有し、ほしい人に渡して必要なときにもらえば重複管理は防げます。

「捨てる基準」は強く意識しないと、徹底できません。未練が出ないように捨てる基準をあえて口に出すといいでしょう。引き下がれなくなりますし、まわりも歯止めをかけてくれるようになるのでオススメです。

かばんやロッカー、デスクまわりはその人の心理状況を映し出します。**かばんやロッカーに物を入れすぎてはいけません。「半分空けておく」ぐらいがちょうどいい**のです。多くても7割にとどめておきましょう。それ以上にしてしまうと、どんなに整頓されていても、とり出すまでに時間がかかります。新しい物が入る余裕も生まれません。一度勇気を出して捨ててみてください。

POINT

9割捨てるとうまくいく

32

ファイル・フォルダをつくる前に、用語集をつくる

「評価」と「考課」、「優秀者」と「ハイパフォーマー」など、文書を書いていると、つい同じ意味で微妙に違う単語を使ってしまい、あとでチェックと修正に追われることがあります。ビジネス文書は、同じ意味なら同じ単語を使うのがルールです。

しかし、文書を書いているうちに前後の文脈や気分、語感で違う単語を用いてしまうことがあるでしょう。ましてや、あなた1人だけでなく、上司、先輩、後輩、他部署の人など、複数名での資料作成の際は、関係者が増えれば増えるほど、言葉の定義がグチャグチャになるものです。

こうした修正の手間はバカになりません。人にも振りにくく、プロジェクトの責任者、管理者なら、頭を抱えたくなる問題です。

ではどうするか。**最初に用語集をつくり、用いる単語の定義を決めて共有**しましょう。同じ意味で違う単語を使ってしまうリスクを減らせるだけでなく、チェックし、修正する手間もなくなります。

外資系コンサルティング会社ではプロジェクトが始まるとき、必ず用語集をつくります。

用語集は簡単なもので大丈夫ですが、作成にはコツがあります。

「OK：NG方式」でつくる

紙1枚に単語と定義を書いたうえで、うっかり同じ意味で使いそうな単語を「NGワード」として書いておくのです。

ただ、定義は必ずしも必要ではありません。「OKワード」と「NGワード」だけにすればラクに速く用語集をつくれます。

OK：ドラフト　　NG：草稿、メモ、たたき台
OK：ギャランティ　　NG：報酬、フィー、契約料
OK：報告書　　NG：調査書、レポート

注意点は、必ず更新日と更新者名を入れておくことです。

更新日を入れておけば、最新版の用語で統一できているかを判断できるので効率的です。そして更新者名を入れておけば、新たな用語の確認が必要なときもスムーズに更新作業ができます。必ず記入しましょう。

ファイル名に「Ver」を入れるのもいいでしょう。Verは「1_0」のように段階を2つで示すとわかりやすくなります。大きな変更は「2_0」のように小数点以上を変更。マイナーな変更の場合は「1_5」のように小数点以下を1つ上げるようにするとわかりやすくなります。

Verの次に、アップデート者の名前を入れましょう。「Ver2_1_Matsumoto_Add」というように。ファイル名のみで、最終更新者がわかるので確認の手間が省けます。ファイルに更新日を入れておくと、さらにわかりやすくなります。

用語集は「個人管理」にしない

用語集の管理ですが、各自が持つのは止め、クラウド上の共有ファイルに入れます。個人が管理すると、バラつきが発生します。

マニュアルの作成など、100枚を超えるようなファイル作成のときは、ファイルの冒頭に用語集を入れると、2つのファイルを見なくていいので便利です。ファイルが完成したら、用語集は削除してから提出すればOKです。

エクセルの場合は、「Read me」のタブを一番左端につくり、そこに用語集を載せておくと便利です。

用語集はファイル名の管理でも力を発揮します。「text」「manual」など、同じ意味で違う単語を用いたファイルがあると混乱するからです。

「用語集をつくるなんてめんどくさい」と思われた方もいらっしゃるでしょう。いきなり書き出したくなる気持ちはわかりますが、「ＯＫ：ＮＧ方式」であれば簡単で効果的です。ぜひやってみてください。

POINT

「ＯＫ：ＮＧ方式」で用語集をつくり、ファイル名でバージョン管理

33

〝水戸黄門作戦〟で上司の横やりに対処する

いろいろ考え、ひらめいたプランを持っていったとき、「イノベーションを起こせ」「新しい企画を出せ」と普段から口うるさい上司に、こう言われたことはありませんか？

「このプランで確実に成功する保証はあるのか？」
「この数字の根拠は？　徹底的に調査したのか？」
「わが社が勝てる優位性はあるのか？」

しかし、ここであきらめてはいけません。イノベーションまでいかなくとも、新しいとり組みをラクに実現させる方法を教えます。

それは「**お客様を連れてくる**」ことです。

新しいとり組みを考えるとき、話を通したいときは、先にお客様を見つけてしまいます。しっかり外堀を埋めてから、決定権者に「このお客様を失う責任を負ってもいいということですね？」と詰め寄るのです。

社外の大学時代の先輩、同期、後輩。趣味の仲間や業界団体、勉強会などで知り合った人の中から、「これは！」と思う人に話をしてみて、そのプランがいけそうか意見をもらいます。**興味を持ってくれた人を仲間にしてプランを煮詰め、さらにお客様になってくれそうなツテをたどって打診。勝算ありなら、それぞれ根回しに入りましょう。**

ある会社の社員は、社内で却下された開発事業を通すために、大学時代のクラブの卒業生のツテをたどり、取引先になってくれそうなメンバーに声をかけ、有志で共同研究を行い、お互いのキーマンを押さえたそうです。そうして後戻りできない状態にしてから、再度社内で提案し、反対する管理職を説得しました。

今までにないとり組みの場合、数値やうまくいく根拠を上司の土俵で詰められると、どうしてもこちらが負けてしまいます。プランを頭で考えるだけでなく、さまざまな人からのフィードバックをもとに、企画を煮詰めるのです。

最も保守的なのは中間管理職

組織の中で一番保守的なのは部長や課長といった中間管理職層です。実際、コンサルティング現場で感じることですが、経営陣は高い視野から柔軟に物事を見られる方が多いのです。普段、経営陣に接する機会がないとなかなか気づかないものですが、彼らは常に新しい提案を待っています。過去イノベーションを起こした、もしくは親分気質で守ってくれそうな経営陣の中の役員に根回しし、保身に走る中間管理職を抑え込んでもらうのも一手です。役員が雲の上の存在すぎるときは、「共通の趣味（ゴルフ等）で接点をつくる」「思い切ってランチに誘う（↓178ページ）」で意外とつながれるものです。

お客様の声と感触が印籠、経営陣が水戸黄門です。この2つをセットにすれば時代劇の悪代官ではないですが、中間管理職の壁を突破できます。

ウソでも上司に言うべき「ひと言」とは？

会社組織では上司とケンカをしても一切得はありません。皆の前で恥をかかせたり、さらに公然と上司の面子を潰したりすると、あなたはスッキリするかもしれません。ただ、やられた上司は必ず恨み、嫉妬します。

あなたがその提案専属になれればいいですが、多くの場合は兼任になります。面子を潰され、あなたを恨んでいる上司と一緒に仕事をする可能性が高いのです。

当然、上司はあなたをやっつけてやろうと手ぐすね引いて待っているでしょう。

上司の嫉妬ほどめんどくさいものはありません。上司は評価や異動といった人事権を握っています。評価を下げる、仕事から外す、異動させるなど報復人事をされたらたまりません。

たとえ思っていなくても**「上司のAさんのアドバイスのおかげです」と立て、自分は上司の味方であることを示してください。**

上司の面子を役員やメンバーの前で潰すことは、役員も面白いとは思いません。あなたの上司もある意味、役員の部下です。かわいい部下の面子を丸潰しにされては、いい気はしません。それどころか、何かあったら下剋上を起こす要注意人物であるとマークされるでしょう。

大事なことはあなたの面子ではなく、仕事を確実に前に進めることです。**提案を通すだけでなく、通した後にいかに自分が動きやすくなるかをしっかり見据えましょう。**

何度か繰り返すと上司も、「あなたの後ろには役員がいる」と認識するようになります。こうなればしめたもの、あなたを邪魔するより、味方にしておくほうが得策と考えるようになり、ラクに動けるようになります。

POINT

「上司の土俵」では戦わない

34

打ち合わせはメモより、ホワイトボードにまとめる

打ち合わせをラクに速く進めるにはノートにメモをとるよりも、ホワイトボードを活用するといいでしょう。メリットは４つあります。

①認識のズレを防ぎやすい

打ち合わせをしている間、最初から最後まで一言一句逃さず集中し、すべてパーフェクトに暗記する必要はありません。話を聞きながら考えることもあります。それぞれの立場や主観が違うので思い違いをすることもあるので、その場で確認してしまうのが一番。

確認するときは「この内容でよろしいですね?」と念押ししましょう。目はホワイトボードに向いていても、「他のことを考え、心ここにあらず」の人が意外に多くいるからです。

②議事録が簡単につくれる

ホワイトボードで確認した内容は議論の主要な論点と結論になります。次のアクション、

スケジュール、役割分担までしっかり書けば議事録そのものになります。「議事録は必ず文書で起こす」という社内ルールがなければ、ホワイトボードの内容をスマホで撮り、関係者に一斉メール。これで議事録作成の手間が省略されます。

グーグルをはじめ私が所属した外資系コンサルティング会社などでは、この方法をとっています。以前はデジカメでないとホワイトボードの文字が潰れて読めませんでしたが、今ではスマホの写真で細かい文字まで認識可能なのでオススメです。

③論点のズレを修正しやすい

打ち合わせ中に論点がズレ、脱線することがあります。

残業を減らす対策を議論していたはずが、いつのまにか、会社の人事制度や上層部の批判に論点が移ってしまうということがあります。こうなると、具体的な改善点は出てこなくなります。誰もが問題意識を持っていることや、当事者不在で文句の言いやすい議論はつい盛り上がってしまうものです。

そこでホワイトボードの出番です。議題をホワイトボードに大きな字で書いておくことで、論点がズレるのを防止できますし、元の論点に戻すときも同意を得やすくなります。

議論の途中で出てきたポイントも書き出してあるので、「議論になっていたポイントまで戻りませんか」と、参加者も脱線前の議論に戻りやすくなります。

④持論を押し通す人、独演会を始める人対策

自分の意見が通るまで同じ持論を永遠に繰り返す人もいますが、ホワイトボードを活用すれば、その被害を最低限に抑えることができます。

やることは2つ。まず、その人の持論を簡潔に、そして小さな字で邪魔にならないようにホワイトボードに書きます。

そして、その人が持論を発するたびに「なるほど、重要なご意見ですね」と言いながら、その持論が書かれているところを丸で囲むと、それ以上話さなくなるのです。

持論を繰り返す人は、自分の意見を大事に扱ってくれないこと、無視されることに腹を立てるので、ホワイトボードにその意見を書いてあげるだけで満足してくれます。

独演会を始める人対策としては、ホワイトボードに終了時間を書いておき、「お話の途中ですみません。重要な話の内容ですが、あと15分で結論を出すことになっています。一番のポイントを先に教えていただけますか？」と切り出すと効果があります。みんなで決めた終了時間がホワイトボードに書かれてあるのでけん制されるうえ、「重要な話ですが、ポイントを」と言われると、ポイントから話さざるをえなくなるからです。

コツは切り込むタイミングです。

自然に介入するには、相手が息を吸う瞬間にこちらが話せばいいのです。人は息を吸う間は話すことができないからです。

ホワイトボードは2枚用意！

会議の目的やゴール、論点を書くだけで結構なスペースを使います。ホワイトボード1枚では足りません。最低でも2枚用意しましょう。

1枚目に目的、ゴール、論点、終了時間、そして会議で出た結論を書き、2枚目は議論のファシリテーションに使うのです。

外資系企業の会議室は、四方の壁すべてがホワイトボードになっていますが、会議室にホワイトボードが1枚しかない会社も多いでしょう。

そんなときは、A0サイズ（横841ミリ×縦1189ミリ）の模造紙を持ち込むといいでしょう。壁に模造紙を貼れば、疑似ホワイトボードの完成です。裏写りしないマジックを使えば、壁を汚す心配もありません。

POINT

ホワイトボードに書くことで、その後の処理をラクにしよう

35

対面会議ではなく、電話会議を活用する

打ち合わせをするのは会議室ばかりとは限りません。

日本でもスカイプのような無料通話アプリを使った電話会議は増えてきています。参加者の移動時間もかからず、会議室を押さえる手間もコストもかからないからです。

しかし、日本人は電話会議に慣れていません。2人なら普段通り電話のように話せばいいのですが、複数名となると戸惑います。

これが、外資系の電話会議のルール

一方、外資系の人たちは電話会議に慣れています。世界各地から会議に参加するのに、いちいち集まっていては時間とお金がかかりすぎます。地理的に離れていることが前提なので、効率的な会議にするには電話会議しか方法がありません。そこには外資系ならではの合理的なルールがあります。

この項では私が教わった効率的な電話会議5つのポイントを紹介しましょう。

①PCやスマホのカメラはオフに

電話会議の「どこでも、いつでもできる」というメリットは、デメリットになることもあります。

使う機器のカメラ機能はオフにします。自宅の洗濯物など、家の中の映像が共有されてしまうからです。

電話会議では、余計な情報をそぎ落とすことに注力します。PCのカメラにはテープを貼るなどして、物理的にブロックしておきましょう。

②5名以上の会議では毎回自分の名前から話す

5名以上の電話会議になると、誰の発言かわからなくなるときがあります。初めての参加者やあまり会ったことがないメンバーもいるでしょう。必ず「松本です」というように名乗ってから話すようにしましょう。

電話会議では「誰の発言でしたか?」とは聞きにくいものです。普段の会話では名乗ったりはしませんが、電話会議では必須です。

③会議の3日前までに資料をつくり、配付しておく

電話会議のいいところは、音声と手元の資料以外の情報がないことです。顔色や態度な

ど余計な情報がないので集中できます。世間話もいりません。いきなり本題から会議に入れるので効率が上がります。

その代わり、事前資料には力を入れなければなりません。資料には、

- 目的／ゴール
- 議題と論点
- 判断材料となるデータや分析結果

この3つを明記し、事前に配付します。事前配付の締め切りは3日前が一番効果的です。1週間前だと資料を読んでも忘れてしまい、前日だと資料を十分読み込み、考える時間がとれないので3日前がちょうどいいのです。

④発言の終わりには「以上です」と言う

電話会議の場合、相手が話し終わったのか、ただ少し間をあけているのかわかりにくいものです。そのため「～いかがでしょうか？」と疑問文で話が終わらない限り、発言が終わったら、「以上です」と言うことがグローバルではルールになっています。

⑤考えながら話さない。短文で話す

繰り返しになりますが、電話会議では相手の顔が見えません。「伝わっているのか」「興味を持ってもらえているのか」「納得しているのか」。これらを表情や雰囲気から察することができず、相手からの返答、会話から判断するしかありません。

一方的に話をしてしまっては相手の状況を知ることができませんので、一文一文をできるだけ短く話し、伝わっているか、納得・理解しているかを随時投げかけながら進めていくことが大切です。

POINT

電話会議の前にしっかり「準備」しておく

4章

組織の「壁」を利用する

仕事は自分1人、自分のチームだけでは完結しません。
取引先、仕入先、他部署と連携して
前に進めていく必要があります。
しかし、組織の「壁」によって、
仕事の生産性が落とされることもあります。
しかし、「壁」を壊そうと躍起になってはいけません。
「壁」を利用し、穏やかな気持ちで
仕事を進めるコツを紹介しましょう。

36

「壁」を壊すより、安全地帯として利用する

「壁」と聞いて、いいイメージを持つ人は少ないでしょう。多くの人が「対立」「派閥」「根回し」といったネガティブなイメージがつきまといます。「壁をなくしたい」と思うでしょう。

しかし、「3人集まると派閥ができる」というように、どんな組織にも「壁」は存在します。ここは発想を変えましょう。「壁」を利用するのです。

組織には「悪い壁」だけではなく「いい壁」もあります。

悪い壁は、あなたの前に立ちはだかり、根回し・意思決定を遅らせるものです。

いい壁は、今の仕事に集中できるように、余計な仕事や飛び込み仕事をブロックしてくれるものです。

- 役員直轄のプロジェクトに入り、仕事が入らない「出島」状態で守ってもらう
- 根回しを行い、他部署のキーマンを味方につけ、横やりが入らないようにする
- スタッフやメンバーを味方につけ、すぐに助けてもらえる状態にしておく

このように自分にとって都合のいいバリアが「いい壁」といえます。「悪い壁」を壊すことばかり考えがちですが、安全地帯を確保し、快適にしていくことを優先すべきです。**「余計な仕事をはじき飛ばす」「横やりを防ぐ」「まわりから喜んで支援してもらえる」という環境を整備しましょう。**本章では、その方法をさまざまな角度からご紹介します。

できる人ほど「壁」を利用する

私がお会いしたハイパフォーマーは例外なく、自分の安全地帯、つまり「いい壁」を確保していました。楽天の三木谷浩史《ひろし》氏は、日本興業銀行時代のネットワークを活用し、財界に基盤を築いた後で、球団買収に名乗りを上げました。堅実に根回しをして、他社が入ってこられないような「壁」をつくったのです。

成功者は「メンターのAさんによくしてもらった」「守ってもらった」と言います。逆に小物は「自分はすごい」「自分がやった」と言います。仕事がつらいと思ったら、まずは安全地帯を確保するところから始めてください。

POINT

壁を壊すことより「いい壁」づくりに意識を向ける

37

〝表の組織図〟にダマされずに、〝裏の組織図〟で本当のキーマンを見つける

世の中、すべてのことで利害が一致することはありません。立場の違いが利害を生み、そこから壁が生まれます。壁をなくすのは現実的ではありません。そのためには、壁ができる原因と対処法を覚えることが先決です。壁ができる原因は2つあります。

①立場が違うため、「利」が異なる
②心理的な距離や好き嫌い

この2つを攻略すればいいのですが、正面突破はやめましょう。正面突破が成立するのはテレビドラマの中だけ。普段成立しないからドラマとして盛り上がるのです。論客は議論で勝っても政治で負けます。弁が立つヤツは嫌われる、出世できない。これは人事の世界では常識です。

戦略とは「戦い」を「略する」ものです。ムダな争いは避けましょう。

そのためにすべきことは、会社がどんな「ゲーム」になっているかを知ること。組織図

をボードゲームに見立てます。表のルールとして職務権限規程を用意しましょう。組織図に名前を記入し、予算と人事の権限、意思決定のプロセスを確認します。

上場企業の課長でも10万円の意思決定権限すらないことが多々あります。**どんな流れで物事が決まっていくかを規程類から明確にします。**

職務権限規程類がなければ、上司や先輩に聞いてしまうのが一番。規程はなくても実態は知られているからです。

これで、ゲームの説明書ができました。しかし、ラクして速く進めるとなると必要なものがあります。それが「攻略本」です。

根回しの場合、裏の組織図が攻略本になります。大切なのは、**表の組織図とは必ずしも一致しない本当のキーマンを見つけること**です。

・A課長とB部長は同じ大学の同じ部だったこともあり仲がいい
・実は総務では、Cさんがキーマンで課長より影響力がある

攻略するための裏情報を整理し、まとめていくのです。

以前、メガバンクのクライアントと仕事をしているとき、根回しのために従業員100名程度の孫会社にメガバンク本体の役員と一緒に伺ったことがあります。なぜかというと、

図18　裏の組織図（リレーションマップ）の例①

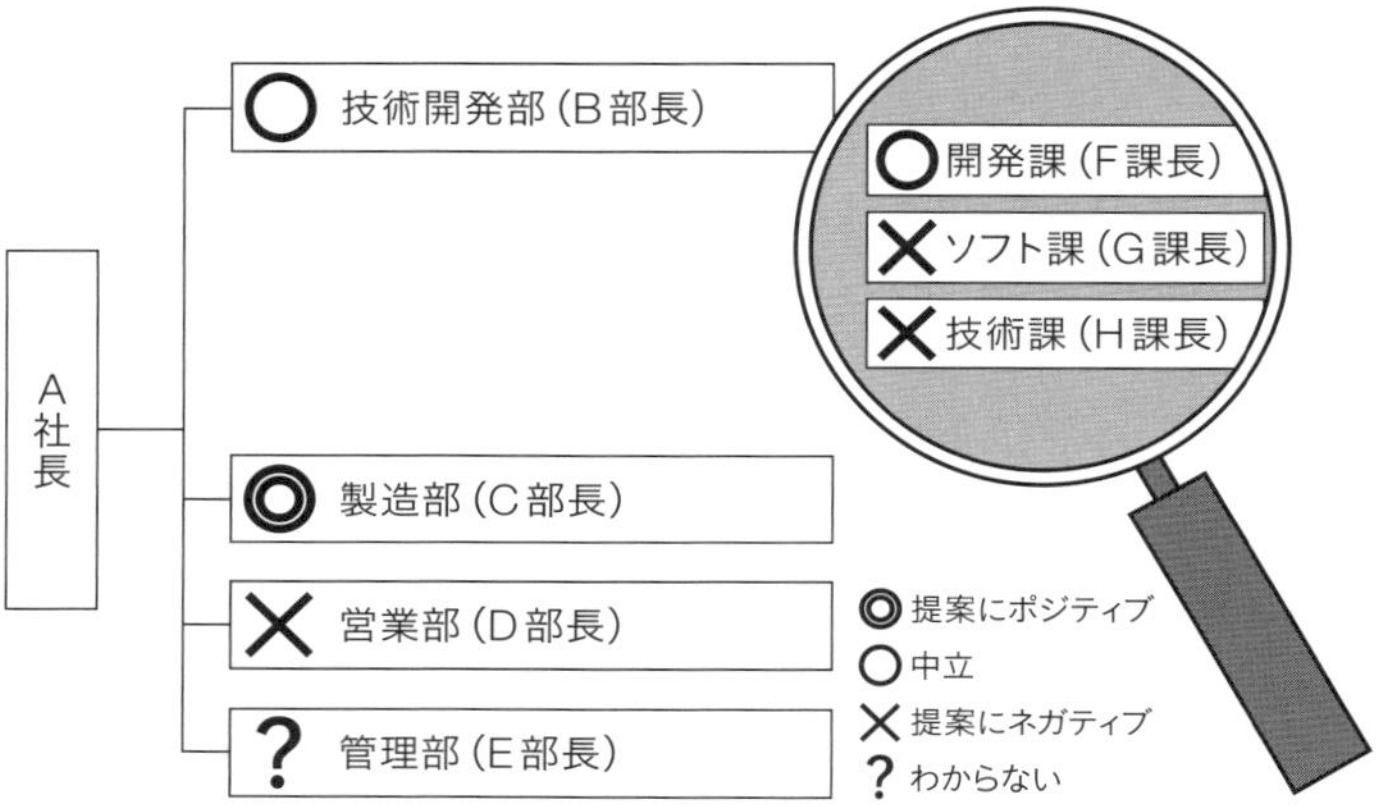

図19　裏の組織図（リレーションマップ）の例②

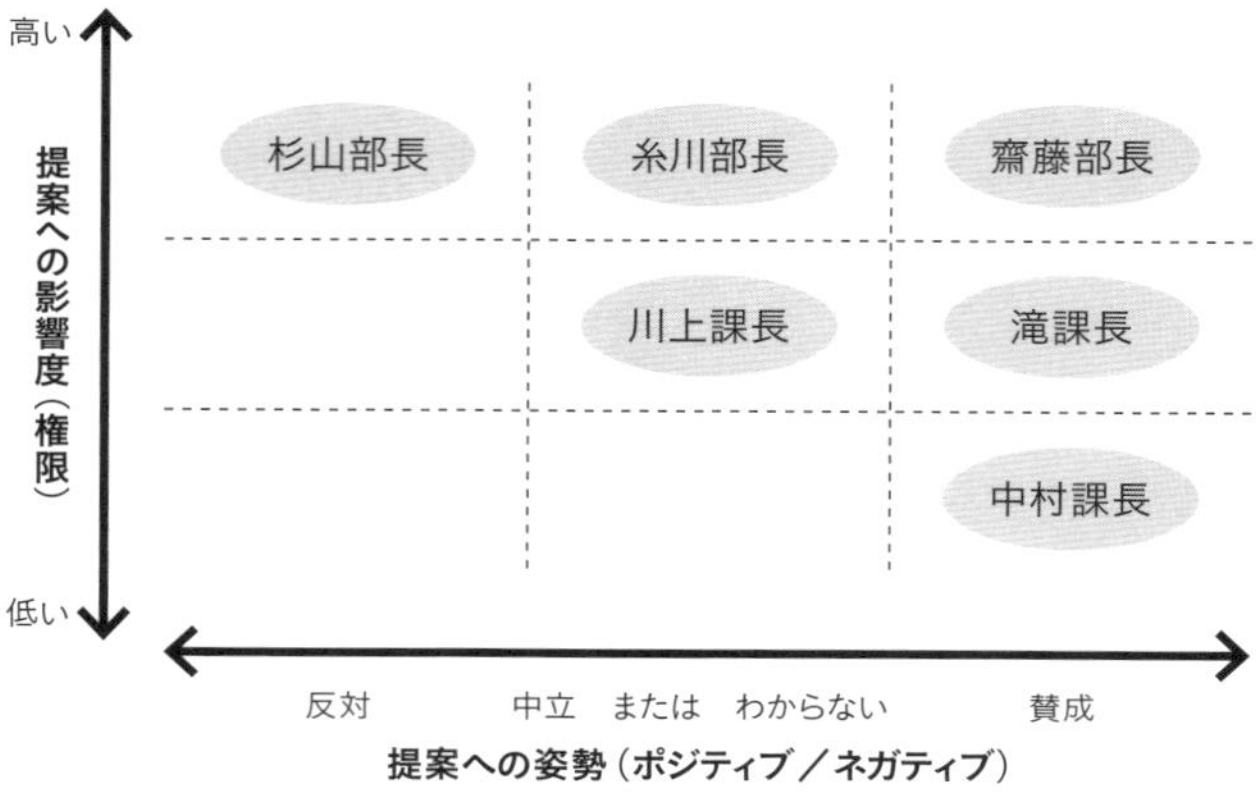

実は本体の役員よりも、孫会社の常務のほうが影響力を持っていて、彼がＯＫしないと取締役会でも承認が下りなかったからです。３階建て築50年くらいでしょうか、昭和の匂いが漂う雑居ビル３階の常務室に、本社の役員、部長、課長が根回し待ちをしていました。それも１人や２人ではありません。常に30名くらいの行列ができていました。

裏の組織図を外資系コンサルティング会社の世界では「リレーションマップ」と呼んでいます（図18、19参照）。基本は大企業の営業攻略用のもので、組織図に名前を入れて、「こちらの味方か、敵か」が一目でわかるチャートです。

外資系コンサルティング会社にいたときは、まずリレーションマップをつくっていました。予算を含め、物事を意思決定してもらうためにはどう動けばいいのかがわからないと致命傷になるからです。**クライアントと飲みに行ったりした中で聞いた個人情報や組織の人間関係もリレーションマップに反映し、精度を上げていました。**

部署の方針や人間関係をもとに、自社でリレーションマップをつくってみてください。新しい発見があるかもしれません。

POINT

裏の組織図「リレーションマップ」を描き、仕事を進める

38

そのまま伝えるより、「欲」に訴えかけて動かす

相手に気持ちよく動いてもらうにはどうすればいいか？

相手の「欲」をダイレクトに刺激するひと言を最初に言いましょう。**「自分が得をするか」「自分にとっての不利益を避けられるか」という欲が刺激される**からです。最初に大した話ではないと思われたら、結論がどれだけすばらしくても話半分にしか聞いてもらえません。

私は26歳のとき、日系大手の研修会社にいました。これからお話しするのは、人事業務のパッケージシステムの開発と導入をめぐる出来事です。

約20社にパッケージシステムの導入が決まったのですが、私がそのシステムをチェックしたとき、なんと画面にはリンクボタンとデモデータしかありませんでした。

画面が動いたので当時の経営陣は「できた」と思ったのでしょう。一方、システム開発側はこれからプロセスやロジックを固めるつもりでした。学生時代、私はシステム開発に携わった経験があるので、この事態に気づくことができたのです。

「システムの中身の開発ができていないので、販売を止めるしかない」

しかし、この仕事に関わる上司や先輩は、経営者がＯＫを出したものに逆らえないし、どうすればいいかを聞かれても自分たちでは対応できないので何も言えないという状況でした。

「ここは自分が伝えるしかない」と、当時26歳の私には雲の上の人で、今まで一度も話をしたことのない常務に直接根回しをしようと決意しました。

しかし、「開発が終わっていません。このままでは売れません」と伝えても、私の言うことなど一切聞いてくれません。

「あなたの上司に任せているので、その指示に従え」、返事はこのひと言だけでした。

腰ぎんちゃくの常務を動かしたひと言

そこで私はその常務が食いつくひと言を発しました。

「**このままではあなたのクライアントの社長に嫌われます。弊社への信頼がなくなります。うちの社長の顔に泥を塗ることになります**」と伝えたところ、「何、それは大変だ。どんな状況でどうすればいいか教えてくれ。俺が社長に根回しする」と前のめりで聞いてきて、実際動いてくれました。

この常務は当時「社長の腰ぎんちゃく」と裏で呼ばれていて、社長のためなら法律の範囲内で何でもやる人だったので、私はその欲に響く言葉を投げかけたのです。

大事なことは自分の私利私欲で動かないことです。**会社のためであり、あなたのためであるというスタンスを持ちましょう。**

どんなに耳の痛いことでも「味方の提案」だと思ってもらえれば、普段は対立していても意外と素直に聞いてもらえるものです。

下心を持たず、相手のためを考え、味方として得になることをしてくれる人は陰口をたたかれることなく、誰からも好かれ、自然と人も集まります。

普段の言動から上司の「欲」をつかむ

人の「欲」は普段の言動の中に隠れています。コミュニケーションタイプに応じて欲に訴えかける言葉も決まります。図20は、「上昇志向」「チームワーク志向」の2軸で、上司を4タイプに分類したものです。普段の言動を参考に、ぜひ活用してください。

POINT

相手の心の奥にある「欲」を見極めよう

図20　上司のコミュニケーションタイプと動かすひと言

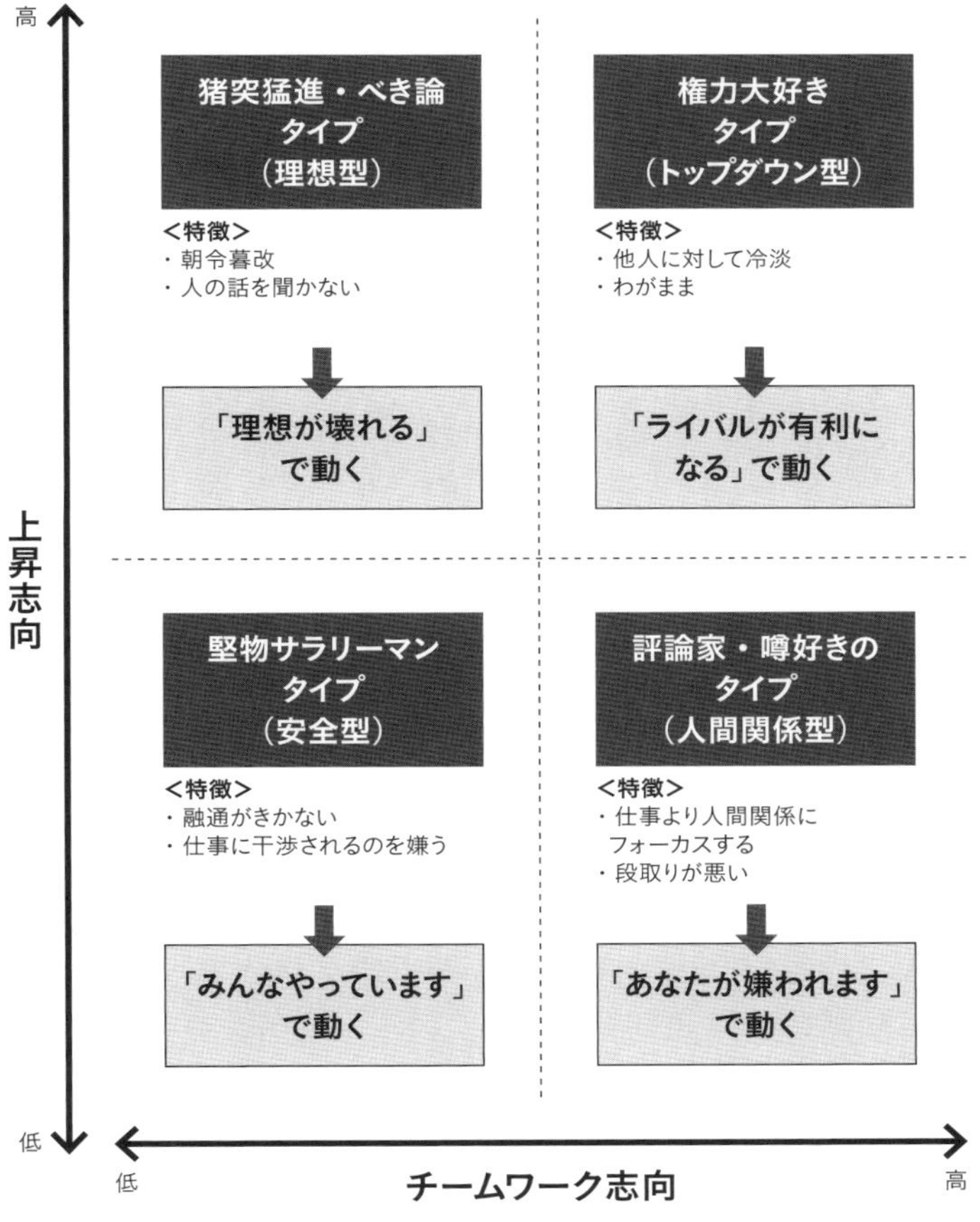

39

根回しはccメールではなく、直接送る

根回しを兼ねてメールを送るときに「cc」を活用している人も多いでしょう。しかし実は、「cc」は重要な方ほど見ていません。

「cc」はいわば、メールの受け手に「その他大勢」と解釈されてしまうもの。**メール本文に名前がなければ、「アリバイづくりの共有メール」とみなされます。**

社長、役員、部長などは、1日に何百通とメールがきます。私も外資系コンサルティング会社にいたときは1日約400通のメールが届いていました。1つひとつのメールに目を通していたら、それだけで1日が終わってしまいます。

そのため、忙しい人ほど、メールのタイトルを見て、自分宛かアリバイメールかを見極め、自分宛のメールしか読みません。

こちらが根回しの意図でccに入れても、相手がそう受けとらなかったら意味がありません。逆に「なぜ直接言ってこないで、ccですませるのか？　私を軽んじているのか！」と、あなたが信頼を失うこともあるのです。

根回しが目的ならめんどくさがらず、直接メールしましょう。人は自分のことにしか興

味がないからです。「特別に、あなただけにメールしました」という内容なら確実に読んでもらえます。メールで根回しするには3つのコツがあります。

①メールの件名に「あなたに読んでいただかなくてはいけない理由」を書く

メールは「件名」で興味を持ってもらわないと開いてもらえません。どんなことをメールで判断してほしいのか。名詞や数字で具体的に書きましょう。

× 今年の忘年会について（判断してほしいことがあるかがわからない）
○ 今年の忘年会の宴会予算を承認してください（何をどうしてほしいかがわかる）

後者のメールは開封してもらえますが、前者では「通達」と思われたら開封すらされないでしょう。

②最初の一文に「何をどう判断してほしいか」を書く

最初の一文に件名の内容を具体的に書きます。コツは、「基本こうする予定ですが、よろしいでしょうか？」と「何を」「どう判断してほしいか」という結論を1行で書くこと。その後に背景、理由を続けましょう。

× 予算が2割程度オーバーしそうなのですが、どうすればいいでしょうか？（メールを受けた人は何をどう判断したらいいかわからない。そもそも論ですべてがゼロベースに戻ることもある書き方）

○ 参加人数が昨年より2割増え、寒ブリの高騰もあり1人単価が3％増なので、昨年より予算を2割増やしていただけないでしょうか？（何をどう判断してほしいかがわかる）

③最後の一文に、「どんなアクションをしてほしいか」を書く

最後の一文に「どんなアクションをしてほしいか」を書くことで意図の行き違いを防ぎましょう。メールの返信がないと、確認する手間が増えるのでやっかいです。

× よろしいでしょうか？（判断した後、どうしてほしいかが相手に伝わらない。放置され、確認の手間が増えるリスクも発生する）

○ この提案でよろしければ、「承認」と返信いただけないでしょうか？（判断した後、どうしてほしいかがわかる）

どうしてもｃｃを使うときは、3名までにとどめましょう。5人を超えたら、忙しい相

手ほど読んでくれません。「鈴木様（ｃｃ斉藤様、坂本様、原様）」とメインの宛名の後に必ずｃｃに入れた人の名前を入れましょう。最低限の礼儀です。そして、どんなアクションをしてほしいかを書くのです。

斉藤様、坂本様、原様もあわせて予算2割アップのご確認&ご承認をいただけないでしょうか。ご承認いただけたら大変お手数ですが、「承認」とメールでご一報いただけると助かります。

このように書けば、後から「実はそう思っていなかった」「承認も否認もしていない」など、ひっくり返されることを未然に防ぐことができます。

根回しでｃｃメールを使うのは日本独自の文化です。海外では、ｃｃは根回しではなく、通達で使います。またｃｃに入れるときは、「誰が、どんな目的で、どんなアクションをとってもらうか」が明確なときだけです。

POINT

根回しなら一斉よりも、個別のほうが早く確実

40

仕事は「巻き込み」より、「共通の敵探し」でうまくいく

対立したとき、真正面から争うのは得策ではありません。現実世界では対立したとき、「100：0」の圧勝はなく、こちらも大きなダメージを負います。

とはいえ、手間暇をかけ、神経をすり減らし、誰もが反対しない総花的な内容に仕上げることが会社にとって本当に有益なのでしょうか？

根回しの目的を間違えてはいけません。

玉虫色《たまむしいろ》の提案ではなく、会社全体で価値を生む提案をつくるのが目的です。

根回しの真髄は、相手を抑え込むことではなく、相手も勝たせ、さらに味方になってもらうことです。

そんな夢みたいなことができるのでしょうか？

はい、簡単にできます。

「共通の敵は何か？」を探り、見つければいいのです。

共通の敵が見つかるだけでわだかまりがなくなるのです。

こんな対立を見たことはありませんか？

営業部門「物が悪い」
製造部門「営業がダメだから売れない」

営業や製造、どちらが悪いかということを客観的に分析し、犯人探し、粗探《あら》しをしても不毛なだけ。そんなことに時間と労力をかけてもムダです。

ライバル会社を「敵」にしてはいけない

共通の仮想敵を設定する方法は簡単です。

主語を「対立先」から「本質的な相手」に変えるのです。

共通の敵として、「ライバル会社」を設定する人がいるかもしれませんが、結局は、ライバル会社との比較になるので、「安さ」「品質」「メンテナンス」など、相手の部署がライバルより劣っているという話になりがち。対立構造は変わらないままです。

営業と製造の共通の敵は「お客様が困っていること」です。

お客様が本質的に困っていることなら、営業と製造がタッグを組んでどう解消するかという「共同作戦」が練れるようになります。つまり「本質的な相手」は、往々にしてタッグを組んで貢献する相手になります。例えば製薬メーカーなら、患者や病気が「本質的な相手」になるでしょう。

主語を変えると目的が変わります。主語が対立先だと、「潰す」「妥協する」などが目的になってしまいます。しかし、主語が本質的な相手なら「勝たせる」「喜ばせる」「助ける」が目的となり、思考が瞬時に切り変わります。

魔法のひと言「そもそも」

切り出し方は簡単。「そもそも論」を持ち出すのです。

「確認だけど、そもそも今の議論の最終目的は……だったよね？」と持ちかけましょう。

人の脳は、自分が話すときは1つのことしか考えられないように設計されていますが、相手が話しているときは、他のことを考えることができます。

対立状態にあると、「意見を潰せそうな論点や根拠はないか」と、反論を考えながら話を聞くものです。

しかし、「そもそも共通の目的は？」のひと言で、相手は共通の目的を考えだし、反論を頭の中から追い出すことができるのです。

もしそれでも意見が合わないときは、ソラ・アメ・カサ（↓32ページ）で確認してみましょう。

同じソラ（根拠にしているデータ）を見ているか、どうなりそうかの読みや洞察が同じアメかを確認すれば、おのずと目線は共通の仮想敵に向かうものです。

対立したときは「共通の仮想敵を設定し、その倒し方」を考えると、建設的に物事がラクに速く進んでいきます。議論が対立して過熱しそうになったら、エキサイトする前に、さりげなく「そもそも論」で怒りや対立の矛先を変えます。

そうすれば、根回しの負荷は半分、効果は2倍になることを約束します。

POINT

「そもそも論」を持ち出し、怒りや対立の矛先を変える

41

「これでよろしいでしょうか？」より「こうしましょう！」とはっきり言う

「これでよろしいでしょうか？」という言い方をしてしまうと、相手はゼロベースで物事を考えます。

それぞれの役割や立場、性格の違いから優先順位・判断基準は異なります。あなたが考えたストーリーと相手のストーリーが一致するとは限りません。思いもよらない指摘をされる可能性もあります。

一度指摘を受ければ、それを無視することはできません。指摘通りに提案を組み直し、再度確認してもらう必要があります。

すると当然、他の部署の視点や論理とはかみ合わないところも出てくるでしょう。こうなると、「何とか着地点だけは合わせる」という不毛な時間と労力がかかることになります。

ではどうするか。最後のひと言を「こうしましょう！」とするのです。

すると相手は、「もう方法は決まっているのか。では、実現させるには何が必要なのか」という視点に頭が切り替わります。

POINT

根回しは中身よりも〝最後のひと言〟が大事

図21 「これでよろしいでしょうか？」から「こうしましょう！」へ

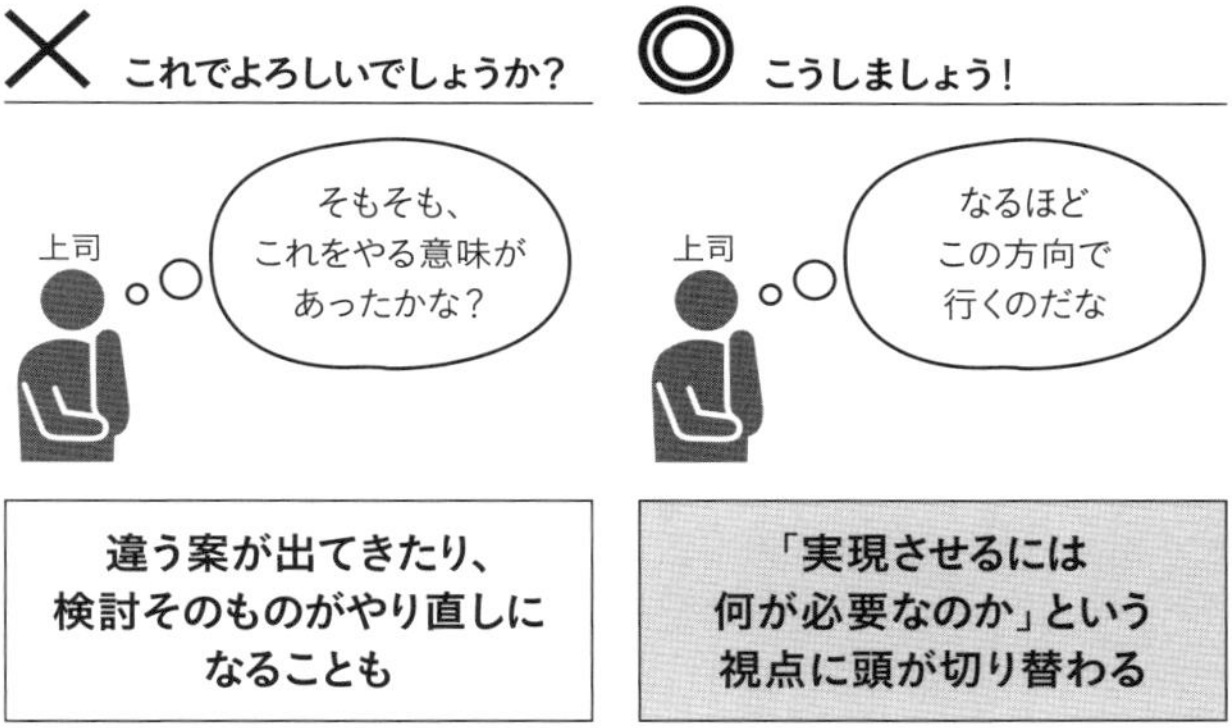

これは**「解決志向」**というカウンセリング技法の1つです。

原因や前提を考えだしたらきりがありませんし、モチベーションも下がります。**「どうしたいか」「どうやるか」に集中すると心が前向きに切り替わります。**実現を目指す方向に心をスイッチすることで、現実的な第一歩を考えられるようになります。

「こうしましょう」のひと言で方向性さえ握れれば、8割がた根回しは成功したようなものです。後は枝葉の調整になるので根本的な衝突は起きません。調整の範囲でなんとかなるでしょう。

42

根回しは「縦」だけでなく「横」もある

根回しには2種類あります。「縦」の根回しと「横」の根回しです。

縦の根回しとは「上への根回し」です。上司や他部署の管理職へ根回しし、こちらが提案する事項を判断してもらうものです。

横の根回しとは、「現場への根回し」です。上が決めても、現場がＮＯと言えば物事は進みません。

一番やってはいけないのは、「経営会議で決まったものですから」と目上の人の名前を出して現場にやらせようとすることです。現場には優先順位もあり、こちらの優先度を高くしてくれるとは限りません。事前の相談なく言われたら「そんな話は知らない」と、ムダに敵をたくさんつくることにもなりかねません。

根回しは関係者を動かして結果を出すためのものです。横の根回しはうっかり忘れたり、つい後回しにしがちです。

人は感情の動物。自分を大事にしてくれる人、喜ばせてくれる人、勝たせてくれる人、裏切らない人なら優先して気持ちよく動いてくれます。

相手から「自分を大切にしてくれない」と思われたら最後なのです。

横の根回しを成功させるコツ

必ず実行部隊である現場の人たちにも事前に声をかけ、「こういうことをやろうと思うんだけどどう？　一緒にやらない？」と誘いましょう。「これを進めるにはあなたの力が必要なんです」とお願いして、相手の自尊心をくすぐるのもいいでしょう。ポイントは**相手の興味関心を引き出し、実行する当事者として自覚してもらう**ことです。

ただ、根回しのときだけ顔を出すのはやめましょう。自分の得になるときにしか動かないヤツだと下心を見透かされてしまいます。

昔は喫煙者が多かったので、喫煙所に現場のキーパーソンが集まったものです。「会社の重要なことは喫煙所で決まっている」と言われるくらい、人事や経営に関する重要なことが普通に話されていました。私はタバコを吸わないのですが、昔はよく缶コーヒーを持って喫煙所で「縦」「横」の根回しをしていました。

POINT

実行部隊である現場への根回しを怠らない

43

仕事のできない3タイプにはこう対応する

横の根回しで一番のポイントは、全体の中でやり直しが発生しそうな人を特定し、抑え込むことです。どんな仕事も1人で完結するものはごくわずか。あなたの仕事が完璧でも、その前か後の工程で差し戻しとなると、仕事は滞《とどこお》ります。

「仕事のできない人」は必ずいます。避けては通れません。この仕事のできない人はいつも同じパターンでミスを繰り返します。

でも大丈夫。仕事のできないタイプは3種類しかなく、それに応じた対応をすればいいのです。

①そもそも仕事が遅い（自分の作業スピード、段取りが悪く、いつも遅れる）
②抱え込んで自爆する（仕事の目的とゴールを確認せず、質問せず、抱え込む）
③間違えても気にしない（細かい確認に興味がなく、間違えたまま仕事を進める）

大前提として、仕事ができない人には決定的な特徴が1つだけあります。

「プライドは高いが、自分に自信がなく、ガラスのハートを持っている」

ガラスのハートだから報告・相談ができず、自分のミスを認められません。自分は悪くない、指示が悪いなど人のせいにします。加えて、もっとほめてほしい、認めてほしいと思っているのです。

そのため、仕事のできない人を責めるのは逆効果と言えます。**「よくがんばっているね」と存在を認めてあげることが先決**なのです。そうすると、味方と思ってくれますし、心理的な抵抗を抑えられます。

仕事のできない人には「細かなフィードバック」ではなく、仕事を進めるプロセスと声かけを工夫することで、やり直しを抑え込みましょう。

ツールやフォーマットを用意し、指示の仕方を変え、相手が細かくチェックせざるをえないようにするのです。**ポイントは、「苦手なことは相手の頭で考えさせない」**です。3つのタイプ別に見ていきましょう。

①そもそも仕事が遅い

このタイプは自分なりに仕事を一生懸命やっているので「仕事ができない」という自覚がありません。むしろ「ちゃんとやっています。夜中までがんばっているんです。ほめてください」と思っています。自分で考えさせたり、工夫させたりしようとするのはムダです。ツールやフォーマットに沿って作業を指示します。任せて後で大きな損害を被《こうむ》るより、入口で抑え込むのが一番。

このタイプはオペレーションに正しく乗って作業することは得意なので作業に徹すればハイパフォーマーに化けることもあります。

②抱え込んで自爆する

このタイプは理解できたかどうか相手の口で言ってもらうことです。「わかった」と言っても、自分の口で話させると何を理解していないかが浮き彫りになるので、要所の確認ができます。

③間違えても気にしない

このタイプは一番簡単です。仕事を任せ、確認するプロセスを細かくすればいいのです。自分では間違えた自覚がないので、放置するとドンドン進めてしまいます。

このタイプは自分のペースで進めることが好きなので、「間違える可能性があるから細かくチェックする」と伝えるとかえって報告しません。ですから、「重要なことだから教えてほしい」と言って相手が喜んで報告するように仕向けるのです。

いずれにしても「仕事のできない人には期待はしないが、バカにもしない」というスタンスで接することです。がんばっていると感じられるところを認めながら、確認するプロセスを細かくしていくことが最善です。「できない人」ではなく、「成長途中の人」と割り切りましょう。

これは他部署の人でも同様です。**「部署間を超えた確認プロセスを設定する」「考えずに、作業に集中できるツールを渡す」**などで、被害は最小限に抑えられます。

できない人たちの反乱に注意！

一番怖いのは仕事ができない人の反乱です。重大なミスを抱え込んで大爆発させたり、パワハラ、メンタル問題で会社を訴えてきたり、外部に社内情報をリークするなど、〝自爆テロ〟を仕掛けてくる人を私は数多く見てきました。

人は感情の動物です。相手のレベルと心理状況に合わせた大人の対応が、最終的にあなたの仕事をラクして速く進めることにつながります。

POINT

性善説で接し、性悪説で細かく確認し、性弱説で包み込む

44

「自分がやった」とは言わず、〝ダチョウ倶楽部の法則〟でアピールする

あなたが成果を出したことをどうアピールすればいいのでしょうか。

事実でも「私がやった」と言うと、まわりから嫌われてしまいます。怖いのは嫉妬です。男の嫉妬ほど恐ろしいものはない。600社以上、人事の裏を見てきた結論です。

嫉妬する人はどんなに仲よくしていても隙あらば、あなたを蹴落とそうと虎視眈々と狙っています。あることないことを吹聴したり、さりげなくあなたからの依頼をミスしたり、後回しにしたりと、じわじわ攻めてきます。

「まわりから嫉妬され、ハメられて左遷された」という例をいくつも見てきました。いい人すぎてなめられても、ハメられます。クーデターはあちこちで起きているのですが、表沙汰になると恥ずかしいのか、みんな黙っているのが実情です。

嫉妬されずに、うまく自分の手柄をアピールするにはどうすればいいか。

「みんなでやった」と言いましょう。仕事は1人で完結するわけではありません。関係者1人ひとりに「あなたのおかげでうまくいった。ありがとう」と感謝をすれば、相手はあなたに嫉妬しません。人は自分が落とされたり、誰かが1人だけ抜きんでたりすると嫉妬

を覚えます。逆に持ち上げられると嫉妬はしません。それどころか「いやいや、あなたのおかげです」とあなたを持ち上げてくれるのです。人には「返報性の法則」があります。相手に貢献されたら、お返ししようという心理が働くのです。**まわりの100人に感謝すれば、その同じ100人分の感謝があなた1人に集まります。**

任天堂には「ポケモンは私がつくった!」と言う人がたくさんいるそうです。しかし、「一番の貢献者は?」と聞けば、誰も自分1人でやったとは言わず、特定の何人かに票が集まるとのこと。

同様のことが、コンサルティングの現場改革が軌道に乗るときに起こります。「私がやった」「自分はがんばった」とたくさんの手があがるのですが、最終的には特定の数人に「どうぞ、どうぞ」と票が集まります。

組織の功労者、変革推進者は「自分でやった」とは決して言いません。「みんなでやった」と言い続けることで、まわりから「あの人がやった」と言われるのです。

ダチョウ倶楽部の上島竜兵さんに嫉妬しないように、票が集まった人に嫉妬する人はいません。私はこれを〝ダチョウ倶楽部の法則〟と呼んでいます。

POINT

「みんなでやった」「あなたのおかげ」で、自然と支持者が集まる

45

キーマンより、事務スタッフに頭を下げる

仕事は1人では完結しません。完結するのは作業だけです。依頼したり、会議をしたり、承認をもらったり、仕事の仕方を教えたり、仕事の9割は他人と関わるものです。

他人と関わる、壁を越えていくとなると、つい権限を持っている役職者に目がいきがちです。

注意が必要です。物事をラクして速く進めていくために大切な人は、必ずしも偉い人だけではありません。

偉い人は「時の権力者」かもしれませんが、オーナー社長やその息子でない限り、常に人事異動がつきまといます。派閥争いで負けるかもしれません。サラリーマンの場合、権力構造は未来永劫続くとは限りません。偉い人と関係が近い、派閥にいるとまわりに思われたら最後。偉い人が外れると、一緒に出向や窓際部署に左遷される可能性も高くなります。権力者と近い関係を結ぶことはもろ刃の剣《つるぎ》なのです。

大事なことは敵をつくらないこと。そして信頼され愛される人になることです。私が関わってきた優秀なリーダーたちは、偉い人の前に必ず自分の同僚、後輩、事務をサポート

してくれる人たちを味方につけていました。その理由は明確です。

・現場を実際に動かすのは同僚、後輩、事務スタッフ。その人たちに嫌われたら動いてもらえず、足元をすくわれるから

・「時の権力者」は替わっても、後輩や事務スタッフは替わらないから

事務スタッフに嫌われるとすべてのオペレーションが止まります。大学病院の院長や診療部長が総婦長に頭があがらないのと同じです。

ここだけの話、会社でリーダーに求める要件が変わってきています。

今までは「成果を挙げ、上司の覚えがいい人」がリーダーになっていきました。しかし今は、**「この人についていきたい」とまわりから評価される人がリーダーになります。**

「仕事だけできる人をリーダーにしたら、傲慢になってしまった」「優秀なプレーヤーが普通のリーダーになってしまった」という失敗から、経営や人事は学んでいるのです。

上司の信頼の前に後輩や事務スタッフの信頼を勝ちとることは、あなたの評価を上げることになります。出世も早まり、組織の中でも動きやすくなります。

では、後輩や事務スタッフから信頼を勝ちとるにはどうすればいいか。

それぞれの役割を尊重した対応を一貫してとることです。

- **書類など提出納期は必ず守る**
- **上から目線で物事を頼まない**
- **「ありがとう」を声と形にして表す**

経費の精算など、直接売上につながらないことを後まわしにしたり、仕事と関係ないものを経費で落とそうとするのはもってのほかです。「バックオフィスは直接的な利益をあげない」という姿勢は一発で見抜かれ、嫌われます。

仕事に上も下もありません。優劣をつけずきちんと対応する姿勢を徹底しましょう。まわりはあなたのことをよく見ています。自分より立場が弱い人に強く、立場が上の人には弱い態度をとる人が最も信頼されません。「頭の中は丸見え」なのです。

一番ラクで簡単なのは、人に応じて言葉を使い分けないこと。誰に対してもていねいに話をすれば、相手は不快に思いません。

「ありがとう」をしみ込ませるテクニック

誰とでも同じ態度で接し、相手を尊重する。これは私が勤めていた外資系でも当たり前のことでした。みんなが「ありがとう」と言う風土だったので最初はびっくりしましたが、実はこの方法が一番ラクで速く物事を進められ、相手からも信頼されます。

最近は「ありがとう」の風土が日本企業でも芽生えてきています。ただ、当たり前になりすぎて、「口先だけのありがとう」が増えてきているのも事実です。

「ありがとう」は形を変えると、より伝わりやすくなります。

メールの追伸に「いつも〇〇してくれてありがとう」と入れると相手の心に刺さります。追伸は仕事以外のその人の体温が伝わります。メルマガでも一番読まれるのは編集後記です。コツは、**事実をベースに短文で「ありがとう」を伝える**ことです。事実があるので「こんなことを見てくれていたのだな」と具体的に伝わります。

また、「相手にしてほしいこと」を「ありがとう」の文脈で伝えるのも効果的です。

出張帰りなど、普段のお礼としてお菓子を差し入れするのもいいでしょう。安くてもいいので、日持ちして1人ひとりに配れるものがいいです。一番のオススメはロイズの生チョコレート。これは特別感もあり、誰もが知っています。女性だけでなく男性でも好きな方が多いので、いい印象を与えられます。

POINT

「追伸」を使いこなして、感謝を具体的に伝える

46

ランチは1人で食べず、思い切って偉い人を誘う

心理的な壁を低くする一番の近道は、その人と仲よくなることです。仲よくなるとは、その人のことを知り、あなたのことを知ってもらうこと。手っとり早いのは一緒に経験を積むことです。「戦友」と言えるぐらいの修羅場を一緒にすごすのが理想ですが、好んで修羅場に入れるケースはごく稀。

仕事の枠を超えた社内ネットワークを簡単につくるにはどうすればいいでしょうか?

自部署以外の人とランチしましょう。

社内の人で面識のない場合は相席作戦です。同期や一緒に仕事をしたことがある人から声をかけておき、「今度は、Aさんにも声をかけていただけないでしょうか」と言えば、自然と輪は広がっていくものです。

もう1つの狙い目は目上の人。社長、役員、部長など「偉い人」です。偉い人は社員食堂でも1人でランチをしていることが多く、近寄りがたいものです。「すみません、お隣よろしいでしょうか?」と言えば、ダメと言われることは稀でしょう。

これを口火に、ランチしながら無理のない範囲で話せばいいのです。

ランチを食べながら一緒にすごす短い時間で、心理的距離が近くなります。ただ、少し面識がある場合でも、「ランチをご一緒しませんか？」と積極的に声がけするには勇気がいりますね。どう誘えばいいのでしょうか。

「目上の人」をランチに誘う方法

誘い方は簡単。2段階です。「〇〇部長のようになりたいので、いろいろ教えてください」と弟子入りするスタンスで臨みましょう。相手は面食らうかもしれませんが、次の瞬間に「よろしければ一度ランチをご一緒させてください」と言えば、相手も悪い気はしません。時間が空いているところで調整してくれるかもしれません。

「弟子にするかどうか」から「ランチを一緒にするかどうか」に論点が変わるので、ハードルが低くなります。

仮に断られても、その**部長が主宰する社内勉強会などで一番前に座り、積極的に手をあげるなど、素直で前向きな姿勢を示す**といいでしょう。「若い頃の私とよく似ている」と気に入ってもらえるかもしれません。

キーマンになればなるほど、実は現場の若い人たちと直接話をする機会がほしいのです。アプローチ方法は直談判が一番。朝礼、部門会議、社員旅行など、直接会える機会は意外とあるものです。

どうしても直接会えないときはメールでも大丈夫ですが、注意が必要です。

メールの場合、相手の反応を見ながら対応ができず、熱意もテキストでしか表現できません。あなたの顔が浮かばないと相手も警戒します。メールでアプローチするときでも、事前に面識があると成功率は高まります。

ランチで話すこと、話してはいけないこと

一番緊張するのはランチで何を話すかです。「誘えても、何を話せばいいかわからない」と思われるかもしれません。

しかしご安心ください。あなただからこそ言える、**あなたしか知らない「事実」を話せばいい**のです。

○「事務の斉藤さんは仕事量が多いのに的確で速いので残業なしなんです」
○「月曜の朝礼で部長の熱い想いを聞いたら、方針の意図がわかりました。やる気が出たと、昨日同期のAとBがランチのときに言っていました」
○「先月からいらっしゃったC課長、自分の言うことにYesと言わないメンバーを

1対1のミーティングでじっくり話しているのを見ました」
×「部長の方針は聞き流しておけと課長が言っていました」(告げ口)
×「部長の方針は今の現場に合っていないという噂があります」(悪口)
×「部長ってすごいですよね。みんな憧れているんですよ」(おべっか)

現部署でどんなことが起きているか、どんなことで悩んでいるか、どんな人が実は活躍しているかという現場の一次情報は、上に行けば行くほど入ってこなくなります。

話すときは最初に「悪い話なんですけど」「いい話なんですけど」と予告すると、誤解なく、相手は聞いてくれます。

社長や役員たちは現場の一次情報、生の情報が大事だと知っているので、必ず耳を傾けてくれます。ただし、伝えることは事実ベースにしましょう。**「こうなっているのではないか」という推論や解釈、意見は求めていません。**逆にゆがんだ情報を与え、操作しようとしたと悪印象を与えかねません。

私は事実のみを伝えます、解釈はあなたに任せます、というスタンスが正解です。

POINT

目上の人にあなたしか知らない「事実」を伝えよう

5章

自分で「できる」ようになる

なぜ、あなたの生産性は上がらないのか。
なぜ、あなたのモチベーションは上がらないのか。
それは、上司や先輩の指示に従っても、
成果が出るとは限らないからです。
上司や先輩がラクして速く仕事をしていないなら、
頼れるのは自分のみ。
ラクして速く、そして自分らしく
仕事ができるようになる方法を紹介しましょう。

47

実力より先に、「できる人」という認知を作る

「仕事ができる」人たちには共通した「立ち居振る舞い」があります。

「男は黙って中身で勝負」はもう死語。行動を変えると、マインドが変わり、習慣も変わります。習慣の積み重ねが結果となって表れるのです。

これは日本企業だけではなく、ＭＢＡや外資系もそうです。世界中から、いろんな宗教、年齢、国籍の人たちが集まるため、全世界に通じるシンプルなマナー、立ち振る舞いが求められます。欧米先進国だけでなく、中国、韓国、シンガポール、ベトナムといったアジアの成長国はもちろん、ベネズエラやジンバブエなどでも同様です。

誰でもすぐできるので、いくつか紹介しましょう。

①真っ先に発言する

会議やセミナーのＱ＆Ａで最初に話すのは勇気がいります。「トンチンカンなことを言ってはいけない」「何かいいことを言わなくてはいけない」と誰しも思うもの。

日本人は人前で恥をかくのを嫌いますが、これを逆手にとり、真っ先に発言します。そ

れだけで、まわりから「できる人だ」と評価されるようになります。

600社以上の会議に参加し、6000名以上のリーダーを見てきましたが、優秀な人ほど「最初に発言」して評価されていました。

また、細かなテクニックですが、「会議で一番偉い人の隣に座る」だけで「偉い人の右腕」とか「会議を実質しきっている」ようにまわりに映るのでオススメです。

②姿勢を正し、ハッキリとした声を出す

優秀なリーダーに猫背の人はいません。みな背筋が伸び、堂々と大きな声で話します。それだけで自信があるように見えます。背筋は意識しないと丸まります。背筋を伸ばすには、下腹の腹筋に軽く力を入れます。背筋が伸び、肩、背中、首のコリも解消されます。

③お辞儀が一番深く、長い

元マッキンゼー・アンド・カンパニーの波頭《はとう》亮《りょう》氏から「コンサルタントは厳しいこともハッキリ言うので、最初と最後の挨拶のお辞儀は誰よりも深く、長く、誠意を持って行うものだ」と教えていただきました。

挨拶の仕方は国によって違いますが、まわりから尊敬される人は誰よりも腰が低くていねいです。壇上では堂々と力強い姿を見せるのに、実際お会いしてみると腰が低くていね

い。このギャップが魅力につながっています。先方が間違っていたり、部下がミスをして迷惑をかけているなど、自分に非がなくても頭を下げるべきときもあります。物事を前に進めるためなら、土下座もいとわないのが特徴です。

④リアクションが速い

株式会社キッズライン社長の経沢香保子《つねざわかほこ》さんは、憧れの人や先輩が自分のために時間を割いてくれたときは、当日のうちにお礼メールやお礼状を出していたそうです。優秀で本当に忙しい方はビックリするくらい返信やお礼のリアクションが速いものです。逆に「忙しがっている人」は返事が遅い。文章は1行だけでいいので、すぐ返信しましょう。リアクションが速いと、「仕事が速くて優秀」という印象を与えることができます。

⑤朝に強い

優秀で仕事が速い人は必ず朝の時間を有効に使っています。横やりが入らず、脳もフレッシュな状態なので、考えごとや集中する時間にあてています。ポイントは、前日夜が遅くても「朝に強い」こと。

快適な睡眠時間は、1日3時間の人もいますし、7時間の人もいますが、どうしても眠いときは、15分程度昼寝をするといいでしょう。優秀な人は10～15分程度の仮眠をよくとっています。まわりの目が気になってトイレで寝る人もいるかもしれませんが、オススメしません。うっかりいびきをかくなど、意外にばれやすく、かえって恥をかきます。

⑥哲学と世界史を学ぶ

日本企業のリーダー教育に徹底的に欠けているのが「リベラルアーツ」です。特に、哲学、世界史、自国の歴史や文化に対する知見が圧倒的に欠けています。逆にここを押さえておくと、まわりから頭二つは抜きんでることが可能です。

ぜひ『プロテスタンティズムの倫理と資本主義の精神』『君主論』『孫子』『史記』は押さえておきましょう。そして宗教に関係なく『旧約聖書』に書かれていることは世界では常識なのです。

小熊英二《おぐまえいじ》著『1968〈上〉〈下〉』は分厚くて骨太ですが、近代日本史を知るのにいい1冊です。最近はこの分野の入門書も多くあります。まずは入門書から入り、興味を持ったところから、古典に手をつけましょう。

POINT

できる人たちの立ち居振る舞いをマネしよう

48

実績を積み上げる前に、〝虎の威〟を借りる

コツコツ実績を積み上げていくことは大切です。

しかし、ただコツコツ積み上げるのには時間がかかります。どうせ積み上げるなら、ラクして速く積み上げたいものです。

私は、目覚ましい実績を積み上げている人たちをコンサルティング現場で1000名以上見てきました。

ポイントは「虎の威を借り、ショートカットで自らも虎になる」。決して「狐」になってはいけません。

影響力のある人やその道の第一人者に弟子入りすることで、より多くのチャンスをつかみ、その人たちの思考や習慣を身につけましょう。**「弟子にしてください」「あなたのもとで勉強させてください」と直球でいくのが一番**です。

事実、できる人の近くにいると、自分1人でコツコツやっているときよりチャンスが訪れます。仕事のおこぼれがまわってくるわけです。できる人の代わりですから、身の丈以上の役割がまわってきます。火を噴いたプロジェクトの収束係になることもあります。そ

の分期待値が高く、プレッシャーもかかりますが、人より早く成長できるのです。

あなたは「日々の仕事」で評価される

ビジネスの世界は、甲子園のように予選を勝ち抜けば大きなひのき舞台に立てるものではありません。なぜなら、長く携わった仕事の実績がその人のブランドになってしまうからです。

中小企業の人事を10年、中堅企業でさらに10年経験し、人事のスペシャリストとして最後に大企業の人事へ転身というチャンスはほぼありません。

「中小企業の人事のスペシャリスト」として、最初の10年の経験を評価されるので、転職しようとしても同じようなポストしかまわってこないのです。

「今の職場でまだできることがあるので、それをやってから」と言いながらキャリアの賞味期限が切れてしまった人を山ほど見てきました。置かれた場所を変えるためにも、〝虎の威〟を借りてラクして速く実績を積むのが得策です。

POINT

我流でコツコツやるより、できる人から「型」と「実績」をいただこう

49

やさしい人ではなく、気難しい人をメンターにする

できる人から虎の威を借り、仕事を学ぶだけでなく、ビジネスパーソンとして一生相談できる人を見つけましょう。優秀な人には必ずメンターがいます。

メンターとは、キャリアや仕事の悩みを相談する大先輩ではありません。その人の言うこと、やることは一切疑わずに従い、頭の回路ごと鍛えてくれる人です。

メンターの言うことは絶対で、よほどのことがない限り一生続く関係になります。ソフトバンクの孫正義氏は、日本マクドナルド創業者の藤田田《でん》氏がメンターで、藤田氏のアドバイスは必ず守ってきたそうです。

師匠は技術・テクニックを教えてくれる人です。全面的に従うというよりも、一定期間、技術やテクニックを教えてもらう関係になります。文章の書き方、プレゼンの仕方など、師匠のノウハウは全部でなく、ごく一部だけ学ぶこともあります。会社の上司や先輩をはじめ、身近な方でノウハウを教えてくれる人も師匠といえます。

師匠はたくさんいますが、メンターは1人か数名です。師匠からはノウハウを学びますが、メンターからは姿勢や生き様まで含めた人生観を学びます。

注意点は、どんな人にメンターになってもらうかです。

「やさしそう、こういう人になりたい」と憧れる人ではうまくいかないケースが多い。「誰にでもやさしい人」に弟子入りしたい人は山のようにいます。弟子が多いと、あなたを気にかけてくれる時間・機会も少なくなります。すでに弟子のヒエラルキーができているかもしれません。その場合、あなたに教えてくれるのは兄弟子だけになり、本物から直接学ぶのが困難になります。

メンターを選べるなら、こだわりがハンパなく、人を寄せつけない雰囲気の大御所にしましょう。このタイプはコミュニケーション力が高くないので、こだわりについていけず、挫折してしまう人が多数です。ゆえにライバルの弟子も少なく、教えてもらえる時間やチャンスを独り占めしやすくなります。

ただ、**最終的なポイントは「馬が合うかどうか」**です。理屈ではなく肌感覚になりますが、主張やこだわりにシンパシーを感じる。コンプレックスなどを含め、自分と同じ匂いを持っている人を選びましょう。

POINT

優秀で偏屈な人こそ、メンターにしよう

50

同業ではなく、異業種の成功法則をパクる

うまくいっている方法をパクる。

これは、6000名以上の優秀なリーダーたちの共通点です。そして彼らのパクりの仕入れ先は、明らかに普通の人と違いました。

普通の人は尊敬する上司や先輩からパクります。確かに失敗するリスクは少ないのですが、先人に近づくくらいのレベルアップしか期待できません。

しかし、優秀な人は先人の頭を越えていきます。優秀な人は「異業種」でやっているうまい方法をパクり、オリジナルのものにしてしまうのです。

あなたのオフィスに「オフィスグリコ」はありますか? グリコの菓子が入ったケースがオフィスに置かれ、食べたいものを1つ選ぶたびに100円を貯金箱のような箱に入れます。定期的にグリコのスタッフがお菓子の補充をし、現金を回収していきます。小腹が空いたときにコンビニまでお菓子を買いにいかなくていいので、便利です。

実はこのオフィスグリコ、「路上の野菜売り」を参考にしたそうです。グリコが調べたところ、その代金回収率は約9割。意外な数字ですね。

グリコがトライアルで「オフィスグリコ」を実施した結果、代金回収率はなんと100％だったそうです。これを機に、もともと実施していた訪問販売をやめ、集金箱で回収する形に切り換えたといいます。

この方法は、コンサルティングの世界では「アナロジー（比喩・例え）」と呼ばれています。自社とは関係ない商品やサービスから、新しいやり方や視点を手に入れるのです。要は、うまくいっていることを上手にパクるわけです。

パクることがなぜ有効なのか。ラクして速く新しい視点や気づきを得られるからです。例えば、「病院で新しいサービスを考える」としましょう。すると、病院の仕組みに沿った現状路線のアイデアしか出てこないものです。

- 医療点数はどうすれば稼げるのか？
- 医療事故はどうすれば防げるのか？
- 優秀な医者や看護師をどう確保するのか？

発想を変えて、異業種からパクるのです。病院を「小売業」として考えてみます。

- なぜ定価がないのか？ジェネリック以外の選択肢はないのか？

・なぜ医者ではなく、体調の悪い患者が移動させられるのか？
・なぜ会社を休まないといけない営業時間なのか？

異業種のビジネスモデル、サービスや商品をパクると、「今までの当たり前」が当たり前ではなくなり、新しい視点や気づきが得られます。

また、サービスや商品の〝提供価値〟をパクることも可能です。

大手コンビニチェーン1600店舗中、クリスマスケーキの予約販売数で全国1位をとった藤井賢吾さんという友人がいます。

彼はケーキをそのまま売りませんでした。会社の社長を訪問し、「社員やその家族のクリスマスプレゼントとして、このケーキはどうか」と薦めたそうです。地方企業、特に歴史ある中小企業の社員は社長にとって家族のようなもの。何かお祝いしてあげたいけど商品券では味気ない。しかしケーキであれば、もらって笑顔にならない人はいない。商品券1万円分より3000円のケーキのほうが喜んでもらえると、次から次へと社長が飛びついたそうです。

今、物はあふれかえっています。うまくいっているビジネスは物そのものではなく、物を通した価値に着目しています。物そのものの価値より、その裏にある「物を通した価値」に買う理由がひそんでいるのです。これは営業だけではありません。あなたの仕事やサービスを通して、どんな裏の価値を与えていくか、目線を変えればいくらでも応用が利きます。

生命保険はダイレクトに売るより、年金・退職金の運用方法についてのセミナーを、その道のプロと一緒にやったほうがよく売れます。年金・退職金の運用を効果的に行うための方法の1つとして保険が位置づけられるからです。

個人レベルでも異業種のやり方をとり込んで成功しているケースは多々あります。ただし、競合が増えたり、マネされたりしないように黙っていることが多いのです。しかし、表に出ないものを1人で暴くことは大変です。

コツは、異業種で成功している人と仲よくなり、直接教えてもらうことです。同業や競合でなければ親しくなれば意外と教えてくれるもの。場合によっては、互いにお客様や知人を紹介し合えるかもしれません。

友達の友達はみな友達ではないのですが、知人をたどって紹介してもらうのが一番です。まったくツテがなければSNSもあります。表に出ないところに本当の隠し味があるので、直接仕入れるルートを確保しましょう。

POINT

同業より異業種でうまくいっていることに注目する

51

自分の好きなところではなく、嫌いなところで差をつける

音楽家のつんく♂さんは以前テレビで「歌がヒットするかどうかは、アーティストに曲を渡したときの最初のリアクションでわかる」とおっしゃっていました。意外ですが、「これ、私（たち）が歌うのですか！」と露骨に嫌な顔をしたときは売れるそうです。楽曲を提供するアーティストの魅力を突き詰めていくと、嫌で隠したい恥部を強調することになるとか。

また、吉永小百合さんは、わざと顔のホクロを強調するようにメイクすると言っていました。大女優でも、隠したいところをわざと個性として出しているのです。

そうはいっても、人は自分をよく見せたい動物。大女優ならいざ知らず、普通の人が欠点を魅力に変えるといっても怖いかもしれません。

ここでは、自分の欠点や嫌いなところを魅力に変える方法を紹介しましょう。

最初に、自分の欠点や嫌いなところを書きます。誰もがたくさんのコンプレックスを抱えて生きていますから、長所よりもたくさん出てくるでしょう。

例として、「臆病だ」「ビジョンを描けない」で考えてみます。

次に、その**欠点や嫌いなところの下に「いい意味で」と書きます。**「いい意味で」は「変換」機能がある言葉なのです。

コンプレックスをポジティブにとらえる

事実は1つ。しかしとらえ方により、ポジティブにもネガティブにもなるのです。事実をネガティブに見るとコンプレックス。ポジティブに見ると「強み・持ち味」になります。コンプレックスは事実を「悪い意味」でとらえている現象。ポジティブな視点に切り替えるには悪い意味の逆視点、「いい意味で」を使えばいいです。

・臆病だ　→「いい意味で」→「慎重」「ミスをしない」「堅実」
・ビジョンを描けない　→「いい意味で」→「柔軟」「仕事を断らない」「素直に受け止めて行動を変えられる」

欠点をいい意味に置き換えた言葉が書けたら、**さらに「だから」と続けます。**「だから」という言葉には、言葉をまとめる力があります。気づいていなかった自分の魅力をまとめ、仕事に結びつけましょう。

・臆病だ　↓「いい意味で」↓「慎重」「ミスをしない」「堅実」
「だから」↓「ミスなく堅実な仕事ができる」

・ビジョンを描けない　↓「いい意味で」↓「柔軟」「仕事を断らない」「素直に受け
止めて行動を変えられる」
「だから」↓「何事にも縛られず柔軟に仕事ができる」

このように自分では気づかなかった魅力に気づかせてくれる魔法の変換装置です。
勇気を出して、自分の欠点、嫌いなところを書き出してみましょう。
そしてどんどん変換していくのです。
それがコンプレックスを乗り越えるチャンスになるかもしれません。
そうすれば、今のまま、そのままの自分でOKなのだと勇気が出てくるでしょう。

POINT

欠点や嫌いなところでライバルに差をつけよう

図22　コンプレックスを「いい意味」で置き換えた例

ネガティブ思考	「いい意味で」→	・危機管理に長けている ・思慮深くて冷静 など
人見知り	「いい意味で」→	・人間関係を大切にする ・人を見る目がある など
神経質	「いい意味で」→	・細かなところに気がつく ・人の気持ちがよくわかる など
同時にたくさんのことができない	「いい意味で」→	・粘り強い ・長時間集中できる など

52

月曜ではなく、水曜の昼にスケジュールを練る

平日は、必ずしも自分の意志で時間調整できるとは限りません。月曜午前は社内会議、金曜午後は事務作業と決めていても、他の予定が入ってくることもあるでしょう。他の予定に振りまわされずに1週間を効率的にすごすにはどうしたらいいか？

ポイントは2つあります。

1つは週の真ん中に「今週の進捗と来週の予定」を考える時間を設けること。 30分から1時間程度でOKです。今週のゴールに向けての見通しが立つのが、週の真ん中の水曜なので、このときに打ち手を再考するのです。木曜や金曜になってからでは手遅れで、非効率です。

水曜になれば、来週の予定も見えてくるので、今週だけでなく、来週のゴール達成に向けた仕込みを冷静に考えられます。ランチタイムを利用すれば無理なく時間がとれるでしょう。

優秀なリーダーたちのスケジュールを見ると、水曜の昼や夜に、今週・来週のプランを確認・検討する時間が入っていました。

もう1つは**金曜の夜の使い方**。残業が多い部署ほど、「土日にとり戻そう」と終電近くまで飲み歩く人も多いものです。気持ちはわかりますが、それでは〝ダメリーマン〟です。金曜の夜と週末はつながっているのです。

金曜の夜、終電まで飲んで夜更かしすれば、確実に土曜に響きます。午前中いっぱい寝てしまい、ダラダラすごすことになりかねません。できる人は「土曜の午前中」の時間の使い方がうまいのです。朝一でランニングし、運動不足を解消してリフレッシュ。さらに習いごと、勉強など自己投資の時間にあてて差をつけています。事実、ビジネス書が一番売れるのは土曜日です。

平日の夜はどんなに早く仕事を終えても、その後に使える時間には限界があります。実際、平日の仕事は遅くなることもあるでしょう。土日に自分に投資することで、レベルアップし、平日の仕事をラクして速く終えられるように差をつけましょう。

とはいえ、土日すべて自己投資にあてるのは現実的ではありません。金曜の夜は早目に切り上げ、土曜日を有効活用するのです。

POINT

水曜と金曜を戦略的に使おう

53

上司に確認する前に、「SL理論」を思い出す

「上司や先輩から指示を受けたら、もう一度自分の言葉で確認しよう」とビジネス書には書かれていますが、これは半分正解で半分間違いです。

上司や先輩は暇ではありません。毎回いちいち作業内容を確認すると、「覚えることができない」というマイナス評価を受けます。

第一、あなたも確認に多くの時間を割かれます。

指導の受け方にも力の入れ所と抜き所があります。部下指導の逆で、「効率的な指導のされ方」があるのです。ここでお伝えするのは「SL理論（状況対応型リーダーシップ）」と言い、学者であり、コンサルタントでもあるハーシー&ブランチャード博士が1977年に確立したものです。外資系企業を中心に部下指導の方法として広まりました。

仕事の習熟度ごとに「教わり方」は異なります。具体的に見ていきましょう。

①初めてやるとき

初めてなので、どうやればいいのかイメージすらわきません。上司や先輩にお願いし、

自ら手本を示してもらいましょう。具体的な作業を1つひとつ確認しながら指導してもらい、まずやり遂げます。上司や先輩、あなたも確認する手間がかかりますが、初めてなので仕方ありません。ひと通りできたら、あなたもイメージをつかめるでしょう。

「1つひとつ確認しながら進める」ことがこの段階では一番ラクに速く仕事が進みます。

②少し慣れたとき

少し慣れたときが一番危険で、ミスが起きがちです。「お手本を示したし、一度やり遂げられたから大丈夫だろう」と上司や先輩は「できる・ある程度できる」と思いがち。しかし指示を受けたあなたは「一度できたから、もう大丈夫」「実はまだ不安」と、できるレベルに差が出る段階だからです。

「できる」という期待感が「やっぱりきちんとできなかった」となると、上司や先輩は裏切られたという感情を持ちます。また、あなたは上司や先輩の指導が甘かったと思うので双方ギクシャクします。結果、「もっと指導しないと」と細かくチェックすることで上司や先輩は安心しようとしますが、こちらはやる気がなくなり、非効率です。

ここは「念のためですが……」とあなたから発し、あなたの言葉で作業内容やポイントを確認しましょう。「念のため」と言われたら、上司や先輩も無視できません。

上司や先輩から「わかったかな？」と聞かれると、「わかりました」と返事をしたくなるものですが、わからないことをそのまま放置するほど危険なことはありません。ここは我慢のしどころ。「念のためですが……」のひと言を添えて、やるべきことがクリアになるまで、しつこく確認しましょう。

③ある程度できるようになったが、少し不安があるとき

何度か同じ仕事で成果を出し、1人でやる自信が生まれつつあるが、要所は確認しないと不安という段階です。ここは、上司や先輩とあなたで要所となるポイントを確認し合いながら進めましょう。「ポイントなので、途中で成果物を見ていただけますか？」と完成レベルと納期を確認することで手間が最小限になります。

④「もう大丈夫」という自信と実績があるとき

この段階にきたら「後は任せてください」で大丈夫です。追加の確認事項が発生しても、あなたからの報告を聞けばいいと信頼してくれている段階です。任せてもらうのが仕事を進めるのに一番効率がいいのです。

新しい仕事を上司や先輩に教わり、あなたができるようになるには、この①②③④の段階を必ず通らなければなりません。どこかを飛ばすと必ず上司の指導内容とあなたの成長レベルが合わなくなり、やり直しが発生し、お互い不幸になります。

また、人は1つの仕事ができるようになると、類似の仕事もできるようになったと思い込みがちです。「もうできるだろう」と①②③④のステップのどれかを飛ばすと必ず悲劇が起きます。初めての仕事は必ず①②③④の順で指示を受けましょう。

ＩＢＭでは全社員が「ＳＬ理論」の研修を受けた結果、その考え方が社内文化として定着したといわれています。

管理職だけでなく全社員が受けたことがポイントです。上司が部下指導の仕方を教わっただけでなく、部下が教わり方を教わったので、人材の成長が加速したのです。

なぜ世界中の外資系企業で広まり、常識化したのか。

仕事の指示を受けるときに一番ラクで速いからです。いろんな文化や価値観を持つ世界中の人が集まって仕事をするので、指導する側・される側とも一番合理的なやり方を知る必要があります。

日本企業は「以心伝心」に頼り、上司の意図を部下が汲む文化があります。しかし時代は変わりました。正しい「教わり方」を身につけ、仕事を効率的に進めましょう。

POINT

自分の「仕事の習熟度」に合わせて、細かく確認する

54

教わるのではなく、モノマネをする

上司や先輩の指導通りにやっても、必ずしもうまくいくとは限りません。その上司や先輩のやり方が時代に合わないものになっているかもしれないからです。また、身につけていないスキルであれば教えることはできません。

上司や先輩が指導できないスキルをどうやって身につければいいのか。

・ビジネス書を読む
・セミナーやスクールに通う
・できる人が身近にいれば教わる

これらが真っ先に頭に浮かぶでしょう。

確かに正攻法ですが、本当に身につくのでしょうか。

本を読んでも行動まで起こすのは稀。

セミナーやスクールで知識を得ても、使いこなすには至らない。

できる人が身近にいない。仮にいても、教えるのが下手で身につかない。このような状況が多いのではないでしょうか。

ＭＢＡでも数百回モノマネをする

私は、６０００名以上のリーダーを選抜してきましたが、優秀なリーダーたちは簡単に、そして誰でもすぐできる方法でスキルアップしていました。

それは**「モノマネ」です。「こんなスキルを身につけたい」と思える人になりきれば、簡単にその思考回路の「型」が身につく**のです。

元アクセンチュアの経営コンサルタント、西村裕二さんは本部長になったとき、ご自身の思考の視野を広げるために、「ソフトバンクの孫正義だったらどう考えるか？」と自問することで新たな視点や着想を得る訓練をしたそうです。

「うちの社長ならこう判断するだろう」
「ホリエモンならこんなコメントを言いそう」

同じ会社や身近な人でなくてもかまいません。なりきって考えることで、その人の思考回路をコピーしましょう。

MBAでは数百のケース討議を通して「経営者の視点や考え方」をマネます。ケースは、実在する企業が日々直面している経営課題です。

ソフトバンクの孫正義氏やユニクロの柳井正氏と同じ経営者の視点に立って、ビジネスケースを読み解き、議論を繰り返し、データ分析力、論理的思考力、プレゼンテーション力、リーダーシップ力といった経営に求められる能力を身につけるのです。

モノマネのコツ

モノマネして思考回路を借りる相手は、歴史上の人物など現存していなくてもOKです。坂本龍馬でも、ガンジーでもいいのです。ただ、選定の基準は2つあります。

①実際にその人が、どんなとき、どんな視点で、どう意思決定したのかがわかる資料や書籍がたくさんあり、その思考の一端に触れることができる
②「この人の脳みそを借りたいな」と憧れる人である

選定する人は1人でもいいですし、複数名でもかまいません。脳みそを借りたい人が選

定できたら場面を書き出します。複数名の脳みそを借りるなら、場面ごとに借りたい人を設定すればいいでしょう。

私はクライアントのビジョンや戦略を考えるとき、「坂本龍馬」の思考回路を借りています。現実路線の延長や論理の世界で描いたことだけでは、人の心を打ち、動かすことができないからです。

最初は、**話し方の癖や決めゼリフを暗記する**といいでしょう。

大量に覚える必要はありません。2日程度で頭に入ったものだけで結構です。日々そのセリフを口にすると自然と自分の口癖になり、思考の癖になるものです。

POINT

憧れの人物の「思考回路」を借りて考えよう

55

ＯＪＴは社内だけでなく、社外からも受ける

自分でできるようになるには、社内で教わるだけでは物足りません。社外の優秀な方と膝を突き合わせ、お互いの実力を実際にぶつけてみる〝他流試合〟を行うことで自分の本当の実力が見えてきます。社内の上司や先輩よりも、**優秀で仕事ができる異業種の方から、直接ＯＪＴで鍛えてもらいましょう。**

ＯＪＴといっても、手とり足とり教えてもらうわけではありません。講座やスクールに参加し、社外の実力者との交流を通して、レベルアップをはかるのです。

私はこのとり組みを〝社外ＯＪＴ〟と名づけています。〝社外ＯＪＴ〟は私の造語なので、そのまま検索しても出てきませんが簡単に見つけられます。

- 「スクール」「講座」で検索（期間は3カ月から半年のものが多い）
- 「プレゼン」で検索（リアルのプロジェクトワークがあり、最後にプレゼン合戦をするものが望ましい）
- 「講師として興味のある人物、教わりたい人物」を検索（講師は元大企業の実務家で、

かつMBA等で教鞭をとっていると望ましい）

こうした基準で調べれば、さまざまな講座やスクールが多数出てきます。注意点は参加者のレベル。外資系や日系の大企業、有名ベンチャーなど、**あなたが一緒に鍛え合いたいと思える人が多く参加しているかをチェックしましょう。**

講座やスクールだけではなく、プラットフォームも増えてきました。大企業にいながら、ベンチャー企業のプロジェクトに出向して新規ビジネスや事業立ち上げを経験させてもらえる株式会社ローンディール。自分の会社の技術やノウハウをもとに、開発途上国等の課題を解決するNPO法人クロスフィールズ。

会社を辞めなくても、社外の方々とプロジェクトをしながら鍛え合える環境は増えてきています。

スクールに通う場合、自分が尊敬していて、「この人の話を聞きたい」という識者の話を聞きにいくといいでしょう。いきなり申し込むのではなく、小さなハードルでお試しをするのです。**ここぞと思ったら二次会に出ましょう。**二次会に出て識者から直接アドバイスをもらったり、事務局をボランティアで手伝ったりすると世界が広がります。

集中的に通う場合、そのスクールの卒業生が実際にどれだけ活躍しているかを見ることも必要です。仮に講師が立派でも、卒業生が活躍できていなければ、その程度のつながりしかできないので要注意です。

MBAを学歴としてカウントするなら、国外でのランキングで上位に絞ったほうがいいでしょう。グローバルでは、世界ランキングに加盟していないMBAは認められないことが多く、日本国内で有名なMBAでも、海外ではランキングに入っていないことも多い。**「聞いたことがない偏差値40のMBA」であれば、転職にはまったく役立ちません。**同じお金を払うなら履歴書に堂々と記載できるほうを選ぶべきです。

「外の世界」とつながる2つのメリット

社外のキーマンや識者を含め、一緒に学ぶ同志ができると、さらに2つのメリットがあります。

1つは業界を越えた生の情報がどんどん入ってくるようになること。

今は知識より情報の時代です。グーグルで検索できる内容は誰でも簡単に入手できるので価値を出すのは難しい。ましてや、本当の情報だけでなく、ウソやデマ、加工された情報も数多くあり、選別も大変。**価値があるのは一番正解に近い〝現場情報〟です。その情報は社内にいるだけでは入ってきません。**社外で優秀な人たちとつながることで自然と入ってくるようになります。

もう1つは、働き方やキャリアの選択肢が増えること。ニュースでは出てこない、実際の労働状況がわかります。優秀な人材と一緒に仕事をすることで、正しい実力差を知ることになるので、どんな能力や経験を身につければいいか、正しく等身大で知ることができます。「社内№1でした」と胸を張って言うものの、プレゼンしたらビリになる残念な人を見てきました。そうなったらもう手遅れです。

合わせて、あなたの実力がそのネットワークで認められると、転職で大きなチャンスがまわってきます。サイバーエージェントやメルカリ含め、中途採用の多くは、社員が知人を紹介する「リファーラル採用」です。**キャリアの選択肢を増やせるので、会社の下僕にならなくてすみます。**

20代前半は、まずビジネスパーソンとして一人前になるフェーズで、これは今も昔も変わりません。20代後半から30代のすごし方で職業人生が大きく変わります。課長になるチャンスもなさそうな会社で賞味期限が切れる前に、〝社外ＯＪＴ〟で鍛えておきましょう。

POINT

20代後半になったら、社外で実力を試し、鍛えよう

56

行動計画は細かくではなく、小さく簡単に

あなたは人生やキャリアでどんな行動計画を立てていますか？

6000名以上の優秀なリーダーたちの行動計画には、1つの型がありました。簡単ですぐできるものばかりだったのです。**「早起きする」「あいさつをしっかりする」「1週間に1冊は本を読む」**などで、5年後、10年後といった未来のキャリアも意外とざっくりしています。

ビジョンを描き出し、行動計画を具体的にたくさんつくるほど「挫折」しやすくなります。あなたも正月や期の変わるタイミングに年間目標を立て、3日で挫折したことはありませんか？　私もあります。

優秀なのに、リストラ候補になる人の特徴

大事なことは「続けること」に労力をかけず、挫折しないようにすること。そしてコツコツ習慣にしていくことだと、リーダーの皆さんは口を揃えて言っていました。

何もしないのが最悪です。日々の習慣の中でコツコツ仕上げていきましょう。モチベーションや根性に頼っても習慣は変わりません。

キャリアについてはこちらの思う通りに異動、出世するとは限りません。人事はまさに「ひとごと」。綿密に「何年後には……」と考えたキャリアプランは思い通りにならないもの。計画を立てすぎると、挫折につながります。若手のときは優秀でも途中からリストラ候補になってしまうのは、細かいキャリアプランを描くタイプでした。

5年後や10年後の姿をざっくりとイメージしながら、チャンスがきたときに逃さないよう日々精進し、備えておくのが正解なのです。

ただし、**自分の使命やアファメーション（ポジティブな言葉による自己暗示・誓い）は手帳などの最初のページに記しておき、毎日繰り返し読み上げていた**そうです。日々の仕事で忙殺されるので、自分の幹を忘れないようにするためです。

さらに週1回、もしくは2週に1回は「振り返り」の時間をとっていました。目指す方向とズレていないか。その確認と修正を行うためです。

小さく簡単な行動計画を立てて、ぜひ続けてください。

POINT

細かいキャリアプランを描く前に、良い習慣を定着させせよう

おわりに

世の中からすべてのムダな努力をなくしたい。その想いでこの本を書きました。

誰もがラクして速く、自分らしく花開けるようになるエッセンスを込めたつもりです。

私は小学生の頃から、自分に合わない勉強法を父にごり押しされ、中学、高校、大学、すべての受験に失敗しました。

大学のＥＳＳ（英会話部）でスピーチコンテストに出たときも、体育会の先輩から自分に合わない方法を押しつけられ、結果はブービー（最下位から2番目）でした。

しかし翌年、テレビ番組に参加することで得たマーケティング手法をスピーチに活用することで、準日本大会の「丹羽杯」で3位入賞をはたしました。

そのとき、私は自分の持ち味に合った方法ならラクに成功できることに気づきました。

それ以来24年以上、人事・組織のコンサルティング現場の知見をまとめ、法則を積み上げてきました。

「ラクして速い」と聞いてネガティブな印象を持った方もいるかもしれません。その方は「ラクして」という意味を考えたとき、「手を抜く」とか「ズルをする」というような感覚にとらわれていたのではないでしょうか。

実際は逆です。「ラクして速く」なるためには、「ムダな努力」をなくし、自分の持ち味を活かしきらなければなりません。

苦手なことではなく、得意分野でスイスイ結果を出していくことで、評価もやりがいも簡単に手に入れられるのです。

勘のいいあなたなら気づかれたでしょう。この本はパーソナルブランディングやキャリアアップの本でもあります。自分の持ち味を活かし、ラクして速く仕事をできるようになれば、自然とブランディングはできてしまうのです。

パーソナルブランドを決めるのはあなたではなくまわりの人です。その人たちが認めることで、初めてブランドになれるのです。

確固としたブランドは、あなたに「折れない心と自信」を与えてくれます。

最後に、これまでとは少し違う視点で、優秀なリーダーと普通のリーダーの違いをお話ししましょう。

優秀なリーダーは「自分は運がよく、いろいろあっても最後はできる」と根拠のない自信を持っています。だからミスをしても気にしません。

一方、普通のリーダーはミスに対して「反省・内省」します。もちろんこのプロセスは必要なのですが、「なぜ?」を考え始めると、ミスの原因を「人」に求めるようになります。結果、「課長が悪い」「取引先が悪い」と、生産性の上がらないムダな時間をすごすことになります。

優秀なリーダーは、「最後にはなんとかなる」と自分を信じているので、冷静に事態を受け止め、落ち込むことはありません。打ち手をさっさと修正するだけなので、難局もすぐに乗り越えられるのです。

優秀なリーダーは、実力が他のリーダーと同じでも自分はできると「優秀な錯覚」をしているのです。孫正義氏の言葉に「最初にあったのは夢と、そして根拠のない自信だけ。そこからすべてがはじまった」というものがあります。この境地になれるのは天才でも何でもありません。

一生勝ち続けられるビジネスパーソンはいません。大小さまざまなミスはもちろん、スランプもあるはず。

そんなときほど「自分なら大丈夫。できる」という根拠のない自信が必要です。

根拠のない折れない自信は、持ち味に沿った「ありがとう」の積み重ねから生まれます。

優秀なリーダーは皆そうでした。そして私もそうでした。


この本の中から、今からできそうなもの、役に立ちそうだと思ったものを実際にやってみてください。ラクして速く仕事をし、結果を出すことで、一生の友となる「自信」をつかんでいただければ、著者としてこれ以上の幸せはありません。


最後に、本書の発行に関わってくださったすべての方にお礼を申し上げます。

最後まで力を入れていただいたダイヤモンド社の中村明博さん、心から感謝します。

そして、今まで在籍したコンサルティングファームの方々、クライアントや協業していただいた方々、著者の諸先輩方、皆様の教えや指導なしにはこの本の完成はありませんでした。


一番感謝しなくてはいけないのは、〝私の壁〟となり「持ち味を活かす」ということに気づかせてくれた父、先輩、上司の方々です。彼・彼女なしにこの本が生まれることはなかったでしょう。

最後まで本書をお読みいただき、ありがとうございました。
改めてお礼を申し上げます。
あなたの、一助になれば一番うれしいです。

２０１８年１月吉日　松本利明

参考文献・記事

・松本利明『部下こそ上司にリーダーシップをとれ』、クロスメディア・パブリッシング、2013年
・松本利明『「稼げる男」と「稼げない男」の習慣』、明日香出版社、2015年
・ベン・ファーマン『強いチームをつくる技術――個と組織を再生する「リチーミング」の12ステップ』、EAP総研監修・編集、タパニ・アホラ／佐俣友佳子訳、ダイヤモンド社、2010年
・株式会社NTTデータ経営研究所（2012年）『「会議の革新とワークスタイル」に関する調査』https://www.keieiken.co.jp/aboutus/newsrelease/121005/index2.html
・瀬戸和信（2017年）『なぜカフェだと仕事に集中できるのか？ 温度だけでなく〇〇濃度が関係』https://dot.asahi.com/dot/2017072600075.html?page=1

著者プロフィール

松本利明（まつもと・としあき）

人事・戦略コンサルタント
○HRストラテジー　代表
○日本人材マネジメント協会（JSHRM）執行役員

外資系大手コンサルティング会社であるPwC、マーサー ジャパン、アクセンチュアなどを経て現職。5万人以上のリストラを行い、6000人を超える次世代リーダーや幹部の選抜・育成に関与する。その中で、「人の持ち味に合わせた育成施策を行えば、人の成長に2倍以上差がつく」ことを発見し、体系化する。そのノウハウを、クライアント企業にはマネジメントの仕組みとして、社員には具体的な仕事術へと落とし込み提供。24年間で、外資系・日系の世界的大企業から中堅企業まで、600社以上の人事改革と生産性向上を実現する。自らもその仕事術を実践することで、スタッフからプリンシパル（部長クラス）まで8年という驚異的なスピードで昇進する。

現在は、企業向けのコンサルティングに加え、「すべてのムダをなくし、自分らしく、しなやかに活躍できる世界」にするため、「持ち味の見つけ方・活かし方」を、ビジネスパーソンのみならず学生にも広めている。

「仕事術」「働き方」などのテーマで、メディアへの寄稿多数。また「日本企業の働き方・賃金改革の在り方」について、英国放送協会（BBC）から取材を受け、その内容は全世界に配信された。

著書に『「稼げる男」と「稼げない男」の習慣』（明日香出版社）、『部下こそ上司にリーダーシップをとれ』（クロスメディア・パブリッシング）がある。

「ラクして速い」が一番すごい

2018年1月17日　第1刷発行
2018年2月19日　第4刷発行

著　者――――松本利明
発行所――――ダイヤモンド社
〒150-8409　東京都渋谷区神宮前6-12-17
http://www.diamond.co.jp/
電話／03･5778･7236（編集）　03･5778･7240（販売）

装丁――――――鈴木千佳子
本文デザイン・DTP―吉村朋子、佐藤麻美
校正――――――鷗来堂
製作進行――――ダイヤモンド・グラフィック社
印刷――――――加藤文明社
製本――――――加藤製本
編集担当――――中村明博

©2018 Toshiaki Matsumoto

ISBN 978-4-478-10259-6

落丁・乱丁本はお手数ですが小社営業局宛にお送りください。送料小社負担にてお取替えいたします。但し、古書店で購入されたものについてはお取替えできません。
無断転載・複製を禁ず
Printed in Japan